AF559339

# WEIN
# MUSS REIN!

LÉA LINSTER & PETER GAYMANN

# WEIN MUSS REIN!

## Berauschend gute Rezepte

ars vivendi

# Eine berauschende Reise …

… nicht nach Bordeaux, nein, auch nicht nach Burgund, sondern in das geheimnisvolle Reich des (guten) Geschmacks. Wenn es um Wein geht und wenn es um Kochen geht – dann bin ich mit Leib und Seele dabei. Beides gehört zusammen wie Sommer und Sonne, wie Flasche und Korken, wie Topf und Deckel.

Die Küche ist eine wunderbare Spielwiese für die kreative Zubereitung der herrlichsten Gerichte. Der Joker im Spiel der Aromen: feine Weine. Also Deckel hoch und Herd frei für die hohe Kunst des Kochens mit edlen Tropfen! Unterschiedlichste Geschmacksnuancen verbinden sich in einer köstlichen Allianz zu einem einzigartigen Gesamtkunstwerk, das Geschmack immer wieder neu erlebbar macht. Dies alles ist im wahrsten Sinne des Wortes: berauschend!

Deshalb freue ich mich sehr über dieses reizvolle Kochbuch, das nicht nur reinen Wein einschenkt, sondern in dem Léa Linster, hinreißend begleitet von der feinen und humorvollen Feder Peter Gaymanns, uns zu einem kulinarischen Gesellschaftsspiel auf höchstem Niveau einlädt. Für weinselige Glücksmomente.

FRITZ KELLER

**Fritz Keller** ist mehrfach ausgezeichneter Winzer vom *Weingut Franz Keller* und Inhaber des Sternerestaurants *Schwarzer Adler* in Vogtsburg/Oberbergen (Kaiserstuhl). Sein älterer Bruder **Franz**, der das ebenfalls ausgezeichnete Restaurant *Die Adler Wirtschaft* in Hattenheim/Eltville (Rheingau) sowie den landwirtschaftlichen Betrieb *Falkenhof* führt, hat uns bei der Auswahl der Weine unterstützt. Beide kennen Léa und Peter von ihren besten Seiten.

# Auf zu neuen Geschmackswelten!

Meine Reise dorthin begann in Köln, wo ich als Cartoonist lebe und arbeite. Geboren aber bin ich in Freiburg – und da zieht es mich auch immer wieder hin: in den Breisgau, ins Markgräflerland und zum Kaiserstuhl. Nicht nur der alten Freunde wegen, sondern weil diese Gegend für gutes Essen und besonders für ausgezeichnete Weine steht.

Léa Linster hat eine andere Route gewählt: Sie ist erst gar nicht aus der Heimat weggegangen, sondern gleich in Luxemburg geblieben und lieber von hier aus zu verschiedenen Trips aufgebrochen. So hat sie viele Genusstempel der Welt kennengelernt und Wein aus vieler Herren Länder gekostet. Aber noch immer bewirtet sie ihre Gäste am liebsten dort, wo sie selbst zu Hause is(s)t: in ihrem Sternelokal in Frisange. Und die Weine, die sie dort ausschenkt (teilweise von ihren eigenen Weinbergen!), sind wahrlich nicht von schlechten Eltern.

Wir genießen beide gerne und wissen schon lange, wie das geht. So war es nur eine Frage der Zeit, dass unsere Wege sich kreuzen würden. Geschehen ist dies dann 2013 in Köln – natürlich bei einem Glas Wein. Damals entstand das Konzept für unser erstes gemeinsames Buch *Das Gelbe vom Ei.* Das erfreut inzwischen Koch- und Cartoonfans im ganzen Land.

Aber Léa und ich, wir hatten noch eine andere Idee: Kochen und Wein, zwei Sinnesfreuden in einem. Also haben wir Rezeptideen und einen frisch gespitzten Bleistift in unsere Reiseköfferchen gepackt und sind losgezogen in die wunderbare Welt der Küche und des Weins, getreu dem Motto »Never change a WEINing team!«. Das Ergebnis dieser feuchtfröhlichen Reise liegt gerade vor Ihnen. Genießen Sie *Wein muss rein!,* unser zweites gemeinsames Buch. Wir wünschen guten Appetit – und sehr zum Wohle!

PETER GAYMANN

# INHALT


Seite 12 **Gruß aus der Weinküche**
Feine Süppchen und kleine Gerichte, die Weinküche grüßt mit heiteren Vorspeisen. Mousse, Sülze und Terrine schmecken aber auch für sich alleine zu einem Glas Wein.

Seite 34 **Beilagen für alle Weinlagen**
Wer kann diesem jungen Gemüse schon widerstehen? Mit einem kleinen Schwips passt es zu vielen Hauptgerichten. Und Léas Spargelgerichte sind als Solo immer eine Sünde wert!

Seite 54 **Tierisches Weinvergnügen**
Rind, Schwein, Ente oder Reh – sie alle baden in Léas Küche gerne in Wein. Entdecken Sie köstliche Gerichte der klassischen Küche mit und zum Wein.

Seite 88 **Meer Wein!**
Fisch, Meeresfrüchte und Wein passen perfekt zusammen. Erst mit einem Schlückchen Weißwein oder Champagner laufen Seezunge, Hecht und Hummer zur Höchstform auf.

Seite 130 **Dessert-Wein**
Champagner macht Zabaione und Parfait exklusiv, Rot- und Dessertwein geben Granité, Tiramisu und Törtchen besondere Raffinesse. Krönen Sie Ihr Menüs durch traumhafte Desserts mit Schuss.

Seite 156 **Standards nicht nur für die Weinküche**
Hausgemachte Brühen und Fonds sind bekanntlich das Rückgrat der feinen Küche. Aber auch selbst gemachte Rotweinsauce, Nudeln und Brioche haben in der Weinküche ihren festen Platz.

– Gut gerüstet –
P. GAY

# Kochen mit Wein

Angeblich kochen manche ja nur mit Wein, weil sie nebenbei immer ein bisschen daran nippen können … Aber so willkommen die Gelegenheit für ein Schlückchen in der Küche auch sein mag, sie ist natürlich nicht der eigentliche Sinn und Zweck des Kochens mit Wein. Zweifellos aber erhöht das den Genuss beim Kochen und die Vorfreude auf ein feines Mahl. Und damit hätten wir schon die erste Regel für das Kochen mit Wein: Verwenden Sie nur Wein zum Kochen, den Sie auch selbst gerne trinken – oder mit anderen Worten: Hände weg von billigem Fusel in der Küche!

Doch Spaß beiseite. Warum kocht man eigentlich mit Wein? »Wein ist die Seele vieler Saucen«, wusste schon der französische Meisterkoch Auguste Escoffier (1846–1935). Wein – ob weiß oder rot, ob Champagner oder Likörwein – ist eine wichtige Zutat in der Küche: Suppen, Sülzen, Gemüse, herzhafte Gerichte mit Fleisch, Fisch und Desserts, vor allem aber Saucen erhalten ihren unverwechselbaren Geschmack durch guten Wein.

Doch diese geschmacksintensive Zutat ist eine kleine Diva und verlangt ein bisschen Fingerspitzengefühl von Köchin und Koch. Deshalb Regel Nummer zwei: Setzen Sie Wein als Zutat behutsam und vor allem maßvoll (!) ein, sonst drängt er die anderen Aromen im Gericht schnell an den Rand.

Beim eigentlichen Garvorgang – das wäre dann Regel Nummer drei – sollte der Wein deutlich reduziert werden. Das bringt sein Aroma am besten zur Geltung, denn so konzentriert sich der Fruchtgehalt des Weines, während der Alkohol verdampft. Das Reduzieren kann während des Garens erfolgen – wie zum Beispiel bei Ragouts und Schmorgerichten – oder, wenn Sie die Sauce separat zubereiten, beim Ablöschen und dem anschließenden Einkochen.

Bliebe noch die Frage: Welcher Wein für welches Gericht? Trockener Weißwein gibt leichten, sahnigen Gerichten und Fisch die nötige Säure. Süßlicher Weißwein und Likör- oder Dessertwein dagegen harmonieren mit Gerichten, denen eine süße Note gut steht, also zum Beispiel Schweinefleisch, Geflügel, Kaninchen und Desserts. Rotweine sind von Natur aus geschmacksintensiver als Weißweine und passen damit gut zu rotem Fleisch, Wild und dunklen Saucen.

So, und jetzt schnappen Sie sich das eine oder andere Fläschchen Wein und kochen Sie sich durch unsere Rezepte zu berauschendem Hochgenuss!

LÉA LINSTER

Ein Korken? In der Suppe?

Gilt als Delikatesse!

# GRUSS
# AUS DER WEINKÜCHE

# Elegante Kartoffelsuppe mit Schampus und Sahnehäubchen

*»Voilà, zum Auftakt gleich eines meiner Lieblingssüppchen. Die erdige Kartoffel kommt darin ganz leicht und luxuriös daher – mit edlem Wein und Champagner.«*

**Für 4 Personen**

*Suppe*

1 Zwiebel

1 Stange Lauch (nur der weiße Teil, etwa 150 g)

300 g mehligkochende Kartoffeln

2 Knoblauchzehen

3 EL Butter

1 l Hühnerbrühe (siehe Seite 158)

Meersalz

200 ml trockener Weißwein

100 g Parmesan

200 ml Champagner, Crémant oder guter Sekt

frisch geriebene Muskatnuss

Olivenöl zum Beträufeln

*Sahnehäubchen*

100 g kalte Sahne

1 Prise Meersalz

1 Spritzer Zitronensaft

1 Prise frisch geriebene Muskatnuss

Für die Suppe die **Zwiebel** schälen und fein würfeln. Den **Lauch** putzen, sorgfältig waschen und in schmale Ringe schneiden. Die **Kartoffeln** schälen, in kleine Stücke schneiden und waschen. Den **Knoblauch** schälen. Die **Butter** in einem Suppentopf erhitzen und Zwiebel und Lauch darin glasig anschwitzen. Kartoffeln und Knoblauch dazugeben, mit der **Hühnerbrühe** aufgießen und **salzen**. Alles aufkochen, dann bei schwacher Hitze 10 Minuten köcheln lassen. Den **Weißwein** dazugießen und etwa 10 Minuten weiterköcheln lassen, bis die Kartoffeln weich sind. Die Kartoffeln mit zwei Dritteln der Brühe im Mixer fein pürieren. Dann langsam die restliche Brühe untermixen, bis die Suppe die gewünschte Konsistenz hat. Die Suppe durch ein Haarsieb passieren und zurück in den Topf gießen. Den **Parmesan** grob reiben.

Für das Sahnehäubchen die **Sahne** halbsteif schlagen. **Meersalz**, **Zitronensaft** und **Muskatnuss** unterrühren und kühl stellen.

Die Suppe wieder erhitzen, vom Herd nehmen und den **Champagner** hineingießen. Dann sofort in vier vorgewärmten Suppentellern anrichten, jeweils einen Klecks Schlagsahne daraufsetzen, etwas Muskatnuss darüberreiben und mit Parmesan bestreuen. Die Suppe jeweils mit einigen Tropfen **Olivenöl** beträufeln und servieren. Den restlichen Parmesan und knuspriges Baguette extra reichen. Wunderbar dazu: fränkischer Silvaner.

# Samtige Zwiebelsuppe mit Riesling

*»Zwiebeln und Wein sind immer ein gutes Gespann. Für diese Suppe lasse ich mild-süßliche weiße Zwiebeln zusammen mit Riesling im Suppentopf langsam schmoren.«*

**Für 4 Personen**

4 mittelgroße weiße Zwiebeln
60 g Butter
40 g Weizengrieß
¼ l Riesling
¾ l Hühnerbrühe (siehe Seite 158)
150 g Sahne
2 Eigelb
80 g geriebener Parmesan
Meersalz, Pfeffer
1 Prise frisch geriebene Muskatnuss

Die **Zwiebeln** schälen, vierteln und in möglichst feine Scheiben schneiden. Die **Butter** in einem Suppentopf erhitzen und die Zwiebeln darin bei schwacher Hitze langsam glasig anschwitzen. Den **Grieß** einstreuen und gut unterrühren. Mit dem **Riesling** ablöschen und mit der **Hühnerbrühe** aufgießen. Die Suppe bei schwacher Hitze 20–25 Minuten sanft köcheln lassen, bis die Zwiebeln weich sind.

**Sahne**, **Eigelbe** und **Parmesan** verquirlen. Den Topf vom Herd nehmen, die Sahnemischung einrühren und die Suppe leicht damit binden. Bei Bedarf nochmals sanft erhitzen, aber nicht mehr kochen lassen. Die Suppe zuletzt mit **Meersalz**, **Pfeffer** und **Muskatnuss** abschmecken, in vier vorgewärmten Suppentellern anrichten und servieren. Dazu schmecken knusprig geröstetes Baguette und ein Glas Riesling von der Mosel.

STAUB
STAUB

# Kräftiger Linseneintopf mit Rotwein und Speck

*»Mein Linseneintopf braucht ein Glas Rotwein! Er bringt den nussigen Geschmack der Linsen erst richtig zur Geltung.«*

**Für 4 Personen**
250 g Tellerlinsen
100 g mittelgroße Karotten
100 g Knollensellerie
2 Zwiebeln
1 Gewürznelke
2 EL Butter
¼ l Rotwein
1 l Hühnerbrühe (siehe Seite 158)
1 Lorbeerblatt
200 g durchwachsener Räucherspeck am Stück
Meersalz, Pfeffer
Crème fraîche zum Servieren

Für die Suppe die **Linsen** etwa 1 Stunde in kaltem Wasser einweichen. Inzwischen die **Karotten** und den **Sellerie** schälen und in sehr feine Würfel (Brunoise) schneiden. Die **Zwiebeln** schälen, eine Zwiebel ebenfalls sehr fein würfeln, die zweite mit der **Gewürznelke** spicken.
Die Linsen in ein Sieb abgießen und abtropfen lassen. Die **Butter** in einem Suppentopf erhitzen und das fein geschnittene Gemüse darin andünsten. Die abgetropften Linsen dazugeben und kurz mitdünsten. Mit dem **Rotwein** ablöschen und mit der **Hühnerbrühe** oder mit heißem Wasser aufgießen. Die gespickte Zwiebel, das **Lorbeerblatt** und den **Räucherspeck** zu den Linsen geben und alles bei schwacher Hitze 45–60 Minuten köcheln lassen, bis die Linsen weich sind. Den Räucherspeck herausnehmen und in schmale Streifen schneiden. Den Eintopf kräftig mit **Meersalz** und **Pfeffer** abschmecken.
Den Eintopf in vier vorgewärmten Suppentassen anrichten. Die Räucherspeckstreifen darauf verteilen, jeweils 1 Nocke **Crème fraîche** daraufsetzen und sofort servieren. Dazu gibt's eine Flasche Trollinger aus dem Remstal.

# Rinderconsommé mit Steinpilzen und altem Sherry

**Für 6–8 Personen**
400 g Rindfleisch (aus der Wade)
1 kleine Zwiebel
1 Karotte
1 Stange Staudensellerie
Meersalz
1 Eiweiß
1 Handvoll Eiswürfel
1 ½ l entfettete, kalte Rinderbrühe
(siehe Seite 159)
2 Tomaten
1 Zweig Thymian
3–4 Stängel Petersilie
1 Lorbeerblatt
5 schwarze Pfefferkörner
1 Schuss trockener alter Sherry
(Tio Pepe)
4–5 mittelgroße Steinpilze
*Außerdem*
Passier- oder Mulltuch

*»Was so ein Gläschen trockener alter Sherry nicht alles kann! Hier gibt er meiner Rinderkraftbrühe noch eine Extraportion Kraft.«*

Das **Fleisch** in längliche Stücke schneiden. **Zwiebel**, **Karotte** und **Sellerie** schälen. Fleisch und Gemüse dann abwechselnd durch den Fleischwolf (grobe Scheibe) drehen. Das Hackfleisch leicht **salzen** und das **Eiweiß** und die **Eiswürfel** untermischen. Diesen Kläransatz in einen Suppentopf geben und die **Rinderbrühe** dazugießen.

Die **Tomaten** waschen, die Stielansätze entfernen und die Früchte klein schneiden. **Thymian** und **Petersilie** waschen und trocken schütteln. Tomaten, Kräuter, **Lorbeerblatt** und **Pfefferkörner** zur Brühe geben. Die Brühe bei schwacher Hitze langsam bis knapp unter den Siedepunkt erhitzen. Dabei regelmäßig umrühren, damit der Kläransatz nicht am Topfboden anhängt. Sobald die Brühe heiß ist, nicht mehr umrühren, sonst wird die Consommé trüb. Die Brühe dann bei schwacher Hitze etwa 1 Stunde ziehen lassen, bis die Flüssigkeit ganz klar ist und der Kläransatz sich absetzt. Ein Haarsieb mit dem Passiertuch auslegen. Die Brühe vorsichtig mit einer Suppenkelle abschöpfen und durch das Sieb gießen. Die Consommé mit Meersalz und **Sherry** herzhaft abschmecken.

Die **Steinpilze** feucht abwischen, putzen und halbieren. Die Hälften in hauchdünne Scheiben schneiden. Eine Kelle Consommé in einem kleinen Topf erhitzen und die Scheiben darin kurz garen, dann abgießen und abtropfen lassen.

Die Consommé wieder erhitzen und in vorgewärmten Kaffee- oder Suppentassen anrichten. Jeweils einige Steinpilzscheiben hineingeben und servieren. Ein Silvaner Spätlese aus Franken passt hervorragend dazu.

T.GAY

# Champagner-Austern, in der Schale gratiniert

*»Früher waren Austern ein Arme-Leute-Essen, heute sind sie eine Delikatesse. Ich genieße frische Austern am liebsten wie hier als elegante Vorspeise mit einem Glas Champagner.«*

**Für 4 Personen**

*Austern*

1 kleine Salatgurke
2 EL Butter
Meersalz
20 frische Austern (z. B. Fines de claires)

*Sabayon*

4 Eigelb
200 ml Champagner, Crémant oder guter Sekt
30 g Butter
Meersalz
1 Spritzer Zitronensaft

*Außerdem*

Austernmesser
2 kg grobes Meersalz
Schlagkessel

**LÉAS TRICK** **Nach einer alten Regel darf man Austern nur in Monaten mit einem »r« im Namen verzehren, also von September bis April. Doch in Zeiten moderner Kühltechnik ist das längst überholt. Sie können diese Vorspeise also beruhigt das ganze Jahr über servieren.**

Für die Austern die **Gurke** schälen, längs halbieren und die Kerne mit einem Löffel herausschaben. Das Fruchtfleisch in sehr kleine Würfel schneiden. Die **Butter** in einer Pfanne erhitzen und Würfelchen darin 2–3 Minuten sanft anschwitzen. Leicht **salzen** und abkühlen lassen. Die **Austern** mit dem Austernmesser öffnen, aus den Schalen lösen und in einen kleinen Topf geben. Die Austernflüssigkeit durch ein Sieb dazugießen. Die Austernunterschalen säubern, heiß auswaschen und abtrocknen. Ein Backblech halbhoch mit **grobem Meersalz** füllen und die Schalen darauflegen. Die Austern im Austernwasser bei schwacher Hitze 20 Sekunden garen, dann in ein Sieb abgießen und das Austernwasser auffangen.

Für das Sabayon 60 ml Austernwasser abmessen und in den Schlagkessel gießen. Die **Eigelbe** und den **Champagner** zugeben und alles mit dem Schneebesen verquirlen. In einem hohen Topf etwas Wasser erhitzen. Die Schüssel daraufsetzen und die Eigelbmasse über dem heißen Wasserdampf zu einer luftigen Sauce (Sabayon) aufschlagen. Die Schüssel vom Wasserbad nehmen und die **Butter** in Flöckchen unterschlagen. Das Sabayon mit **Meersalz** und **Zitronensaft** abschmecken.

Den Backofengrill vorheizen. Die Austernschalen mit je 1 TL Gurke und 1 pochierten Auster füllen und mit 1–2 EL Sabayon bedecken. Die Austern unter dem heißen Grill (oben) 2–3 Minuten goldgelb gratinieren. Herausnehmen, auf vier mit grobem Salz bestreuten Tellern anrichten und sofort servieren. Den Rest der verwendeten Flasche dazu trinken.

# Schinkenmousse mit Cognac und rotem Port

**Für 10–12 Personen**

750 g gekochter Schinken

1 EL Butter

1 EL Mehl

150 ml Hühnerbrühe (siehe Seite 158)

400 g kalte Sahne

4 Blatt weiße Gelatine

1 großzügiger Schuss Cognac

1 großzügiger Schuss roter Portwein

Meersalz, Pfeffer

1 Prise frisch geriebene Muskatnuss

Quitten- oder Apfelgelee zum Servieren

*Außerdem*

10–12 Portionsförmchen (à 100 ml Inhalt)

*»Sie erwarten viele Gäste? Dann empfehle ich diese Mousse. Als kleine Portion schmeckt sie als Vorspeise, als etwas größere Portion ist sie eine kleine Mahlzeit zu Brot und einem Glas Wein.«*

Vom **Schinken** sorgfältig Fett und verbliebene Sehnen entfernen. Den Schinken dann in kleine Würfel schneiden, 600 g abwiegen und kühl stellen. Die **Butter** in einem Topf schmelzen lassen. Das **Mehl** mit einem Schneebesen einrühren und bei schwacher Hitze unter Rühren hell anschwitzen. Die **Hühnerbrühe** dazugießen und kräftig unterrühren, dann 100 g **Sahne** einrühren. Die Sauce erhitzen und etwa 5 Minuten kochen lassen, bis sie sämig und auf etwa 100 ml eingekocht ist. Die Sauce vom Herd nehmen und vollständig abkühlen lassen.

Die **Gelatine** in kaltem Wasser einweichen. Die Schinkenwürfel im Mixer oder in der Küchenmaschine sehr fein pürieren. Die kalte Sauce untermixen, bis die Masse glatt ist. Die Gelatine ausdrücken, in 1 EL heißem Wasser auflösen und in die Schinkenmasse rühren. **Cognac** und **Portwein** unterrühren und die Masse kräftig mit **Meersalz**, **Pfeffer** und **Muskatnuss** würzen. Die restliche Sahne steif schlagen und behutsam unter die Schinkenmasse heben. Die Mousse in die Portionsförmchen oder in Tassen füllen und über Nacht kühlen.

Zum Servieren je 1 TL **Quittengelee** auf die Schinkenmousse geben. Dazu gibt's knuspriges Baguette – und ein Gläschen Portwein

PORTWEIN?!
SIM SENHOR

Das heißt
HIER CHEF!
nix capito!
P. GAY

# Portwein – nur echt mit dem Siegel

»Es gibt nicht einen bestimmten Moment für ein Glas Portwein, aber es gibt einen passenden Port für jeden Moment«, sagt ein portugiesisches Sprichwort und beschreibt damit die enorme Vielfalt des Ports.

Namensgeber für den dunkelroten Likörwein mit 19–22 Vol.-% ist die portugiesische Hafenstadt Porto. »Vinho do Porto« ist heute eine geschützte Bezeichnung für Weine aus dem nordportugiesischen Douro-Tal. Und: Portwein ist meist rot, seltener weiß oder rosé. Über seine Herstellung wacht das strenge »Instituto dos Vinhos do Douro e Porto«. Nur wenn dessen Kriterien erfüllt sind, bekommt ein Wein das Garantiesiegel und darf sich offiziell Portwein nennen. Das Besondere bei der Portweinherstellung: Die Gärung wird durch Zugabe von hochprozentigem Weindestillat gestoppt. Dadurch verbleibt ein hoher unvergorener Anteil an Restzucker, der dem Portwein seinen likörartigen Geschmack verleiht. Danach reift er zwischen zwei und sechs Jahren im Fass. Während dieser Zeit wandeln sich Geschmack und Farbe. Junger Portwein duftet und schmeckt fruchtig nach Weintrauben und Früchten, älterer Portwein dagegen nach Gewürzen, Nüssen und Karamell.

In der Küche gibt es viele Momente, sprich Gerichte, für den Port: Schon ein paar Tropfen davon runden den Geschmack von Suppen, Terrinen, dunklen Saucen und Wurzelgemüse harmonisch ab. Wenn Sie ein Fläschchen kaufen, lagern Sie es kühl, dunkel und liegend.

# Geflügelsülze in Weißwein-Portwein-Gelee

**Für 8–10 Personen**

*Sülzenstand*

1 Pck. Sülzepulver (20 g)
200 ml feinherber Weißwein
2 EL Balsamicoessig
2–3 EL roter Portwein
Meersalz

*Sülze*

2 Brustfilets von guten Poularden (mit Haut, à 180–200 g)
Meersalz, Pfeffer
2 EL geklärte Butter (siehe Seite 166)
1 TL Balsamicoessig
1 EL fein geschnittener Estragon
6 Scheiben Entenstopfleberterrine (à 80 g, 1 cm dick)

*Außerdem*

halbrunde Terrinenform (etwa 40 cm lang)
Öl für die Form

*»Zugegeben, die Sülze macht ein bisschen Arbeit. Aber dafür werden Sie mit einem besonderen Genuss belohnt.«*

Für den Sülzenstand das **Sülzepulver** in 200 ml kaltes Wasser einrühren und 5 Minuten quellen lassen. Den **Weißwein** dazugießen und unter Rühren erhitzen, bis sich alles gelöst hat. Den Sülzenstand mit **Essig**, **Portwein** und **Meersalz** kräftig abschmecken und bei Zimmertemperatur vollständig abkühlen lassen.
Inzwischen für die Sülze die **Brustfilets salzen** und **pfeffern**.
Die **geklärte Butter** in einer Pfanne erhitzen und die Filets darin mit der Hautseite nach unten bei schwacher Hitze 4–5 Minuten braten. Wenden und 1–2 Minuten weiterbraten. Die Pfanne vom Herd nehmen und die Filets noch einige Minuten ziehen lassen, bis sie innen rosa sind. Die Haut ablösen, die Filets mit dem **Essig** beträufeln, mit 1 TL **Estragon** bestreuen und auskühlen lassen.
Die Filets danach schräg in 1 cm dicke Scheiben auf Terrinengröße zuschneiden. Von der **Entenstopfleberterrine** das gelbe Fett entfernen und die Scheiben ebenfalls auf Terrinengröße zuschneiden.
Die Terrinenform dünn mit **Öl** ausstreichen und faltenfrei mit Frischhaltefolie auslegen. Etwa 100 ml Sülzenstand hineingießen, darin verteilen und mit dem restlichen Estragon bestreuen. Die Hälfte der Brustfilets einschichten, mit einer dünnen Schicht Sülzenstand (etwa 100 ml) begießen und im Kühlschrank erstarren lassen. Die Stopfleberscheiben einschichten, ebenfalls mit etwa 100 ml Sülzenstand bedecken und kühlen. Zuletzt die restlichen Brustfilets einschichten und mit dem restlichen Sülzenstand begießen. Die Sülze mit Frischhaltefolie abdecken und einige Stunden, am besten über Nacht, im Kühlschrank stocken lassen.
Die Sülze aus der Form lösen, auf ein Schneidebrett stürzen und die Folie abziehen. Die Sülze mit einem Elektromesser in Scheiben schneiden und portionsweise anrichten. Mit einem gemischten Blattsalat und einem Glas gehaltvollen Chardonnay servieren.

# Léas Hühnerleberterrine mit Schuss

*»Erst ein ordentlicher Schuss Cognac macht diese Terrine perfekt. Ich serviere sie gerne als Vorspeise oder auch mal als kleine Mahlzeit mit Essiggurken oder Pickles.«*

**Für 6–8 Personen**

1 Schweinenetz (beim Metzger vorbestellen)
200 g Schweinenacken
200 g durchwachsener Räucherspeck
260 g Hühnerleber
3 Schalotten
1 EL Butter
½ Bund Thymian
½ Bund Petersilie
3–4 Lorbeerblätter
30 g Pistazienkerne
3 Eier
Meersalz, Pfeffer
100 g Sahne
100 ml Weißwein
1 großzügiger Schuss Cognac

*Außerdem*

Terrinenform mit Deckel (2 l Inhalt) oder Kastenform (30 cm lang)
Butter für die Form

Das **Schweinenetz** wässern. **Fleisch**, **Speck** und **Leber** durch den Fleischwolf (grobe Scheibe) drehen oder im Mixer pürieren. Die **Schalotten** schälen und in feine Würfel schneiden. Die **Butter** in einer Pfanne erhitzen und die Würfelchen darin glasig anschwitzen, dann beiseitestellen. **Thymian** und **Petersilie** waschen und trocken schütteln. Die Blättchen von 3 Thymianzweigen abzupfen und mit der Petersilie und 1 **Lorbeerblatt** fein hacken. Die **Pistazien** in Scheiben schneiden. Hackfleisch, Schalotten, gehackte Kräuter, Pistazien, **Eier**, **Meersalz** und **Pfeffer** in einer Schüssel zu einer glatten Masse vermischen. **Sahne**, **Weißwein** und **Cognac** unterkneten. Das Schweinenetz abtropfen lassen. Den Backofen mit Fettpfanne auf 200 °C (Umluft 180 °C) vorheizen. Die Form mit **Butter** einfetten und mit dem Schweinenetz auslegen. Die Hackfleischmasse einfüllen, die restlichen Thymianzweige und Lorbeerblätter darauflegen und das Schweinenetz darüberklappen. Die Form mit dem Deckel verschließen (Kastenform mit Alufolie abdecken). Die Fettpfanne des Backofens bis knapp unter den Rand mit heißem Wasser füllen, die Form hineinstellen und die Terrine im Ofen etwa 1 ½ Stunden garen. Die Form aus dem Wasserbad nehmen, abkühlen lassen und am besten über Nacht in den Kühlschrank stellen. Die Terrine aus der Form lösen, in Scheiben schneiden und servieren. Dazu schmeckt ein Grüner Veltliner.

**LÉAS TRICK** Keine Angst vor dem Schweinenetz, es löst sich beim Garen fast vollständig auf. Aber bestellen Sie es besser vor, Ihr Metzger hat es meist nicht vorrätig.

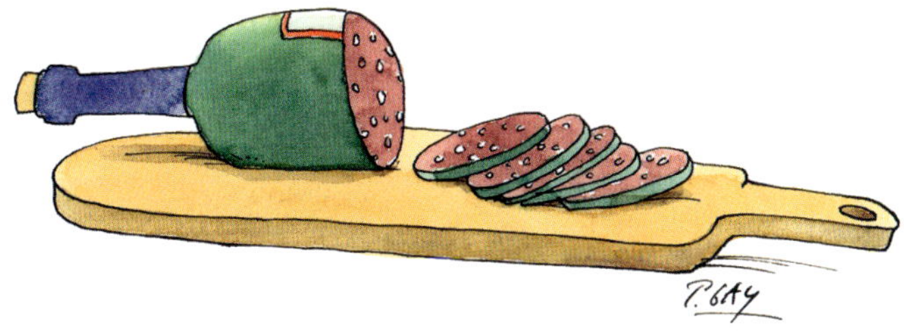

WWW. PARTNER. DE
JUNGES GEMÜSE
100% BIO !!
P. GAY

# BEILAGEN FÜR ALLE WEINLAGEN

# Spargel-Schinken-Röllchen mit Champagner-Mousseline

*»In vielen Weingegenden gedeiht auch Spargel – mein Lieblingsgemüse. Sobald er seine Köpfchen aus der Erde streckt, gibt's bei mir diese himmlischen Röllchen.«*

**Für 4 Personen**

*Spargel-Schinken-Röllchen*

20 dicke Stangen weißer Spargel
Meersalz
1 Stück Würfelzucker
20 dünne Scheiben Parmaschinken

*Champagner-Mousseline*

1 Schalotte
1 EL Weißweinessig
50 ml Champagner, Crémant oder guter Sekt
2 Eigelb
80 g Butter
Meersalz
1 TL Zitronensaft
1 EL geschlagene Sahne

**LÉAS TRICK** **Ist die Mousseline zu dick geraten, rühre ich etwas Spargelkochwasser hinein, bis sie die gewünschte Konsistenz hat.**

Für die Spargel-Schinken-Röllchen den **Spargel** schälen, holzige Enden abschneiden und die Stangen auf eine Länge von 12–15 cm einkürzen. In einem Topf Wasser mit **Meersalz** und **Würfelzucker** aufkochen und den Spargel darin 8–10 Minuten bissfest garen. Danach herausheben und sofort in Eiswasser tauchen, damit der Spargel knackig bleibt. Den Spargel dann gut abtropfen lassen.

Während der Spargel gart, für die Mousseline die **Schalotte** schälen und sehr fein würfeln. Die Würfelchen mit dem **Essig** in einem kleinen Topf bei schwacher Hitze köcheln lassen, bis er vollständig eingekocht ist. Mit 1 EL Wasser ablöschen und den **Champagner** dazugießen. Die **Eigelbe** zugeben und alles mit dem Schneebesen zu einer cremigen Sauce aufschlagen. Inzwischen die **Butter** in einem kleinen Topf schmelzen lassen. Die Sauce vom Herd nehmen und die flüssige Butter in einem dünnen Strahl dazugießen, dabei mit dem Schneebesen beständig weiterschlagen. Die Sauce durch ein Haarsieb passieren und mit **Meersalz** und **Zitronensaft** abschmecken. Die **Schlagsahne** unterziehen und die Sauce in vier Schälchen verteilen.

Die Spargelstangen schräg halbieren und die unteren Hälften mit je 1 Scheibe **Parmaschinken** umwickeln. Spargel-Schinken-Röllchen und Spargelspitzen abwechselnd auf vier Tellern anrichten und mit der Sauce servieren. Den Rest des kühl gestellten Champagners, Crémants oder Sekts dazu trinken.

# Zweierlei Spargel mit beschwipsten Sherry-Morcheln

*»Für dieses Gericht dürfen die Morcheln ausgiebig in Sherry baden. Dann sind sie zwar fast besoffen, schmecken aber göttlich!«*

**Für 4 Personen**

*Spargel*

12 dicke Stangen weißer Spargel (etwa 600 g)
16 Stangen grüner Spargel (etwa 500 g)
⅛ l Hühnerbrühe (siehe Seite 158)
Meersalz
1 Stück Würfelzucker
60 g Butter
3 EL geschlagene Sahne

*Sherry-Morcheln*

300 g frische Morcheln (siehe Trick)
2 EL Butter
Meersalz
40 ml trockener alter Sherry (Tio Pepe)
100 ml Hühnerbrühe (siehe Seite 158)

**LÉAS TRICK** **Nicht verzagen, wenn Sie gerade keine frischen Morcheln bekommen! Lassen Sie stattdessen 30 g getrocknete Morcheln in Wasser aufquellen. Danach ausdrücken und wie beschrieben fortfahren. Getrocknete Morcheln stehen frischen im Aroma nicht nach.**

Den **weißen Spargel** schälen und holzige Enden abschneiden, den **grünen Spargel** nur im unteren Drittel schälen. Dann alle Stangen auf eine Länge von 12–15 cm einkürzen. Die weißen Spargelabschnitte mit der **Hühnerbrühe** in einem kleinen Topf sehr weich kochen. Mit dem Stabmixer pürieren, durch ein Haarsieb passieren und mit **Meersalz** abschmecken. Die Spargelsauce beiseitestellen.
Den grünen Spargel in reichlich Salzwasser in etwa 8 Minuten bissfest garen. Herausheben, in Eiswasser tauchen und auf Küchenpapier abtropfen lassen. Den weißen Spargel in Salzwasser mit dem **Würfelzucker** in 10–12 Minuten bissfest garen.
Während der Spargel gart, für die Morcheln die Stiele der **Pilze** abschneiden. Die Köpfe in kaltem Wasser spülen, bis alle Sandreste entfernt sind. Dann abtropfen lassen, trocken tupfen und je nach Größe halbieren. Die **Butter** in einer Pfanne aufschäumen lassen. Die Morcheln hineingeben, leicht **salzen** und kurz anschwitzen. Mit dem **Sherry** ablöschen, die **Hühnerbrühe** dazugießen und bei schwacher Hitze fast vollständig einkochen lassen.
Zum Servieren den grünen Spargel in einer Pfanne mit 30 g **Butter** wieder erwärmen. Die restliche Butter schmelzen lassen. Den weißen Spargel aus dem Wasser heben und abtropfen lassen.
Die grünen und weißen Spargelstangen abwechselnd auf vier vorgewärmten Tellern anrichten. Die weißen Stangen mit der geschmolzenen Butter bestreichen und die Morcheln darauf verteilen. Die Spargelsauce wieder erwärmen, die **Schlagsahne** unterheben und die Sauce rund um den Spargel träufeln. Sofort servieren, am besten mit einem Riesling Spätlese von der Mosel.

SHERRY SHERRY LADY...
Toller song!
Aber geklaut!
P. GAY

# Sherry – weckt Tote auf

Seine Heimat ist die Stadt Jerez in Andalusien, von ihrer maurischen Benennung »Sherish« hat der Sherry seinen Namen. Zu weltweiter Bekanntheit verhalfen ihm englische Handelshäuser im 18. und 19. Jh., aber seine Geschichte reicht viel weiter zurück: Schon um 1000 v. Chr. brachten die Phönizier die ersten Rebstöcke der Sherrytrauben in die Region um Jerez und kelterten daraus Wein. Als Spanien 711 muslimisch wurde, tat das der Weinherstellung zunächst keinen Abbruch. Doch 966 beschloss Kalif Alhakan II. die Rebstöcke aus religiösen Gründen zu zerstören. Aber die findigen Winzer wehrten sich mit dem Argument, dass die Trauben doch zu Rosinen verarbeitet würden, um die Truppen des Heiligen Krieges zu ernähren. So blieb der Großteil der Rebstöcke unversehrt. 1264 kam Jerez dann wieder unter christliche Herrschaft, und Sherry wurde zum Exportschlager. Heute wachsen die Trauben für den Likörwein mit 15–22 Vol.-% im »Sherry-Dreieck« zwischen Jerez de la Frontera, El Puerto de Santa María und Sanlúcar de Barrameda. Die hier hergestellten Sherrys tragen rechtlich geschützte Herkunftsbezeichnungen.

Sherry besticht mit einer Vielfalt an unterschiedlichen Farben, Aromen, Geschmacksnuancen und Texturen. Doch wie bei Finos, Olorosos, Moscateles & Co. den Überblick behalten? Vom Ausbau her unterscheidet man zwei grundlegende Typen: die hellen, trockenen Fino-Typen (in Sanlúcar heißt er Manzanilla) und die ebenfalls trockenen, aber dunkleren und kräftigeren Oloroso-Typen. Beim Kauf hilft folgende Faustregel: Je heller der Sherry, desto trockener ist er, je dunkler, desto süßer.

In Spanien gilt Sherry als Hausmittel gegen zahlreiche Übel und als Garant für ein langes, gesundes Leben. »Wenn Penicillin Kranke heilt, dann weckt Sherry Tote auf«, schrieb der Nobelpreisträger Alexander Fleming, der Entdecker des Penicillins, auf ein Weinfass in Jerez. Also nutzen Sie die »heilenden Kräfte« des Sherrys doch schon beim Kochen und gönnen Sie Suppe, Gemüse und Tiramisu einen kräftigen Schuss.

# Herbst-Risotto mit wilden Pilzen und Weißwein

*Rezepte auf der nächsten Doppelseite*

# Frühlings-Risotto mit grünem Spargel und Champagner

# Herbst-Risotto mit wilden Pilzen und Weißwein

**Für 4 Personen**

*Risotto*

1 Schalotte
4 EL Olivenöl
300 g Risottoreis (Arborio oder Vialone Nano)
Meersalz
100 ml Weißwein
etwa 1 l heiße Hühnerbrühe (siehe Seite 158)
50 g Butter
60 g geriebener Parmesan
4 EL geschlagene Sahne
natives Olivenöl extra

*Pilze*

150 g Waldpilze (z. B. Herbsttrompeten, Pfifferlinge, Steinpilze)
1 EL Butter
Meersalz, Pfeffer
1 EL frisch gehackter Kerbel und Petersilie

Für den Risotto die **Schalotte** schälen und in kleine Würfel schneiden. Das **Olivenöl** in einem Schmortopf erhitzen und die Schalotte darin bei mittlerer Hitze glasig anschwitzen. Den **Reis** einrühren, leicht **salzen** und mit anschwitzen, bis die Körner heiß und glasig sind. Mit dem **Weißwein** ablöschen und vollständig einkochen lassen. So viel heiße **Hühnerbrühe** zum Reis gießen, bis er gerade bedeckt ist. Den Reis unter häufigem Rühren bei schwacher Hitze köcheln lassen, bis die Brühe vollständig aufgesogen ist. Dann erneut mit Brühe bedecken und diesen Vorgang wiederholen, bis der Reis gerade bissfest ist.
Während der Reis gart, die **Waldpilze** feucht abwischen, bei Bedarf waschen, putzen und je nach Größe halbieren. Die **Butter** in einer Pfanne erhitzen und die Pilze darin rundum kurz anbraten. Mit **Meersalz** und **Pfeffer** würzen und die **Kräuter** unterrühren.
Den Risotto vom Herd nehmen und nacheinander die **Butter** in Flöckchen, den **Parmesan** und die **Schlagsahne** unterheben. Den Risotto mit Meersalz abschmecken und in vier vorgewärmten Suppentellern anrichten. Die gebratenen Pilze darauf verteilen, mit etwas **Olivenöl** beträufeln und servieren. Und dazu? Ein Glas Grillo aus Sizilien!

*»Risotto ist ein Klassiker der Weinküche, der solo oder auch als Beilage immer schmeckt. Im Herbst kombiniere ich den Reis mit frisch gesammelten Waldpilzen ...«*

# Frühlings-Risotto mit grünem Spargel und Champagner

**Für 4 Personen**

*Risotto*

1 Schalotte

4 EL Olivenöl

300 g Risottoreis (Arborio oder Vialone Nano)

Meersalz

100 ml Champagner, Crémant oder guter Sekt

etwa 1 l heiße Hühnerbrühe (siehe Seite 158)

50 g Butter

60 g geriebener Parmesan

4 EL geschlagene Sahne

natives Olivenöl extra

*Spargel*

8 Stangen grüner Spargel

1 EL Butter

Meersalz

Den Risotto mit den angegebenen **Zutaten** wie auf Seite 44 beschrieben zubereiten. Während der Reis gart, den **Spargel** im unteren Drittel schälen. Die Stangen in Stücke schneiden und in einer Pfanne in der **Butter** bissfest braten. **Salzen** und die Spargelköpfe beiseitelegen.

Den Risotto vom Herd nehmen und nacheinander die **Butter** in Flöckchen, den **Parmesan** und die **Schlagsahne** unterheben. Den Reis mit Meersalz abschmecken und die Spargelstücke unterheben. Den Risotto in vier vorgewärmten Schalen anrichten und je 2 Spargelköpfe darauflegen, mit etwas **Olivenöl** beträufeln und servieren. Ein Blanc de Blancs passt bestens dazu.

*»… und im Frühling mit frisch gestochenem Spargel und spritzigem Champagner.«*

Hier steht es aber schwarz auf weiß: Während der Mann die Spargel schält, probiert die Frau den Champagner.
KOCH BUCH
MOE
T.GAY

# Artischockengemüse, in Weißwein geschmort

*»Die stacheligen Distelknospen schmore ich in trockenem Weißwein. Den mögen sie gerne – Rotwein dagegen ganz und gar nicht. Sein Tannin verträgt sich schlecht mit den Bitterstoffen der Artischocke.«*

**Für 4 Personen**

Saft von ½ Zitrone
12 kleine violette Artischocken mit Stiel (Nizza-Artischocken)
2 Schalotten
1 mittelgroße Karotte
2 EL Olivenöl
80 ml trockener Weißwein
⅛ l Hühnerbrühe (siehe Seite 158)
1 Zweig Thymian
1 Lorbeerblatt
Meersalz, Pfeffer
10 große Basilikumblätter
natives Olivenöl extra zum Beträufeln

**LÉAS TRICK** **Artischocken müssen nach dem Putzen sofort verarbeitet werden, sonst verfärben sie sich dunkel. Deswegen lege ich sie in Zitronenwasser. Darin bleiben sie schön hell – und ich kann mich in Ruhe um die anderen Zutaten kümmern.**

Den **Zitronensaft** in einer Schüssel mit kaltem Wasser mischen. Von den **Artischocken** die äußeren zähen Hüllblätter abzupfen, bis die hellen Innenblätter zum Vorschein kommen. Die Stiele schälen, die Knospen längs halbieren und ins Zitronenwasser legen. Die **Schalotten** schälen und in kleine Würfel schneiden. Die **Karotte** schälen und in dünne Stifte schneiden.

Die Artischocken aus dem Zitronenwasser nehmen und abtropfen lassen. Das **Olivenöl** in einer Pfanne erhitzen. Artischocken, Schalotten und Karotte darin bei schwacher Hitze 3–4 Minuten anschwitzen. Mit dem **Weißwein** ablöschen und sirupartig einkochen lassen. Dann die **Hühnerbrühe** dazugießen. Den **Thymian** waschen, trocken schütteln und mit dem **Lorbeerblatt** dazugeben. Die Artischocken abgedeckt bei schwacher Hitze etwa 12 Minuten schmoren lassen, bis sie weich sind. Dabei nach der Hälfte der Garzeit den Deckel abnehmen, damit die Flüssigkeit etwas verdunsten kann. Thymian und Lorbeer herausnehmen und das Gemüse mit **Meersalz** und **Pfeffer** abschmecken.

Das **Basilikum** waschen, trocken tupfen und in feine Streifen schneiden. Das Artischockengemüse mit dem Basilikum bestreuen und auf vier vorgewärmten Tellern anrichten. Mit etwas **Olivenöl** beträufeln und als Vorspeise oder als Beilage zu Huhn oder Kalbfleisch servieren. Wunderbar dazu: Sauvignon blanc oder Grüner Veltliner.

Ich kann fliegen!

Kannst du auch kochen?
P. GAY

*Also ER kann kochen! Louis, der Sohn von Léa Linster, tritt am Herd und im Restaurant in die Fußstapfen seiner Mutter.*

# Rote-Bete-Püree mit rotem Portwein

*»Das leuchtende Püree ist ein Farbklecks auf dem Teller und ein Genuss am Gaumen. Ich serviere es warm oder kalt zu Wildgerichten, zu Jakobsmuscheln oder zu Pasteten.«*

**Für 6–8 Personen**
300 g Rote Bete
½ l roter Portwein
Meersalz
1 großzügige Prise Zucker
50 g Butter
einige Tropfen Balsamicoessig
1 TL Olivenöl

**LÉAS TRICK** Zum Schälen der Rote-Bete-Knollen ziehe ich immer Einweghandschuhe an. Sie schützen meine Finger vor ihrem dunkelroten Saft, denn der färbt ganz gemein!

Die **Roten Beten** schälen, waschen und in 1–2 cm große Stücke schneiden. Die Stücke in einen Topf geben und knapp mit dem **Portwein** bedecken. Mit **Meersalz** und **Zucker** bestreuen und die Beten in 45–55 Minuten sehr weich kochen. In ein Sieb abgießen und ausdampfen lassen. Die Rote-Bete-Stücke dann im Mixer glatt pürieren. Die **Butter** untermixen und das Püree mit Meersalz und **Essig** abschmecken. Das **Olivenöl** unterrühren und das Püree durch ein Haarsieb passieren. Das Püree passt auch wunderbar zur Hühnerleberterrine (siehe Seite 33).

T. GAY

# TIERISCHES WEINVERGNÜGEN

# Gebratenes Rinderfilet mit frittierten Zwiebeln und Rotweinsauce

**Für 4 Personen**

*Frittierte Zwiebeln*

1–2 EL Mehl
2 mittelgroße Zwiebeln
Öl zum Frittieren
Meersalz

*Rinderfilet und Rotweinsauce*

4 Rinderfiletsteaks (à 200 g, 4–5 cm dick)
60 g geklärte Butter (siehe Seite 166)
Meersalz, Pfeffer
200 ml Rotweinsauce (siehe Seite 161)
2 EL kalte Butter

*Außerdem*

Küchengarn

Für die frittierten Zwiebeln das **Mehl** sieben. Die **Zwiebeln** schälen, in 2 mm dicke Scheiben schneiden und in Ringe zerlegen. Die Zwiebelringe mit dem Mehl vermischen, in ein Sieb geben und überschüssiges Mehl abschütteln. Das **Öl** in der Fritteuse oder in einem Topf auf 160 °C erhitzen und die Zwiebeln darin portionsweise goldgelb frittieren. Mit dem Schaumlöffel herausheben, auf Küchenpapier abtropfen lassen und leicht mit **Meersalz** würzen.

Für das Rinderfilet die **Steaks** mit Küchengarn in Form binden und mit der Handfläche leicht flach drücken. Die **geklärte Butter** in einer schweren Pfanne aufschäumen lassen, die Steaks mit **Meersalz** und **Pfeffer** würzen. Sobald die Butter nicht mehr schäumt, die Steaks in die Pfanne legen und von beiden Seiten in 12–14 Minuten rosa braten. Die Steaks dabei regelmäßig mit der heißen Butter begießen, so garen sie gleichmäßig und werden schön braun. Die Pfanne vom Herd nehmen und die Steaks noch kurz ziehen lassen.

Während die Steaks ziehen, die **Rotweinsauce** erhitzen. Den beim Braten ausgetretenen Fleischsaft einrühren und die Sauce durch ein Haarsieb passieren. Die Sauce mit der **kalten Butter** in Flöckchen montieren und mit Meersalz und Pfeffer abschmecken. Die Steaks mit der Rotweinsauce und den frittierten Zwiebeln auf vier vorgewärmten Tellern anrichten. Die restliche Sauce und die übrigen Zwiebeln extra servieren. Dazu schmeckt Kartoffelpüree – und ein Spätburgunder vom Kaiserstuhl.

*»Rotes Fleisch liebt roten Wein. Deswegen gibt's bei mir zu edlem Rinderfilet immer eine ordentliche Rotweinsauce.«*

# Kalbssteaks mit Marsala und rotem Zwiebelconfit

*»Ein echter Festschmaus, Zwiebelconfit ist dabei das Tüpfelchen auf dem i. Für die köstliche Konfitüre lasse ich schlichte Zwiebeln lange in Rotwein köcheln.«*

**Für 4 Personen**

*Zwiebelconfit*

8 rote Zwiebeln

50 g Butter

½–¾ l Rotwein

Meersalz

*Kalbssteaks*

4 Steaks aus dem Kalbsrücken (à 180 g, 3–4 cm dick)

50 g geklärte Butter (siehe Seite 166)

Meersalz, Pfeffer

4 Salbeiblätter

1 Knoblauchzehe mit Schale

*Kalbsjus*

80 ml Marsala

600 ml Rinder- oder Hühnerbrühe (siehe Seite 159 und 158)

1 gehäufter EL Butter

Meersalz, Pfeffer

**LÉAS TRICK** **Für den Vorrat fülle ich das Zwiebelconfit heiß in Schraubgläser. So habe ich immer welches zur Hand, wenn ich Lust auf diese Kalbssteaks habe.**

Für das Zwiebelconfit die **Zwiebeln** schälen, halbieren und in Scheiben schneiden. Die **Butter** in einem Topf erhitzen und die Zwiebeln darin glasig anschwitzen. Mit **Rotwein** ablöschen, bis die Zwiebeln bedeckt sind. Den Deckel auflegen und die Zwiebeln bei schwacher Hitze etwa 4 Stunden köcheln lassen, bis sie konfitüreartig eingedickt sind. Dabei gelegentlich umrühren. Das Confit mit **Meersalz** abschmecken.

Für die Steaks das **Fleisch** leicht flach drücken. Die **geklärte Butter** in einer schweren Pfanne aufschäumen lassen, die Steaks mit **Meersalz** und **Pfeffer** würzen. Sobald die Butter nicht mehr schäumt, die Steaks in die Pfanne legen und in 5–7 Minuten goldbraun braten. Inzwischen den **Salbei** waschen und trocken tupfen. Die Steaks wenden und je 1 Salbeiblatt darauflegen.

Den **Knoblauch** in die Pfanne geben und die Steaks in weiteren 4–5 Minuten rosa braten. Das Fleisch dabei regelmäßig mit der heißen Butter begießen. Steaks und Knoblauch aus der Pfanne nehmen und abgedeckt bis zum Servieren warm stellen.

Für den Kalbsjus das Bratfett aus der Pfanne gießen und beiseitestellen. Den Bratensatz mit **Marsala** ablöschen und sirupartig einkochen lassen. Die **Brühe** dazugießen und auf ein Drittel einkochen lassen. Den Jus durch ein Haarsieb passieren. Das Bratfett und die **Butter** einrühren und den Jus mit **Meersalz** und **Pfeffer** abschmecken.

Die Steaks mit dem Kalbsjus und dem Zwiebelconfit auf vier vorgewärmten Tellern anrichten. Und dazu gibt's Kartoffelrösti (siehe Seite 164) und ein schönes Glas Ripasso aus dem Veneto.

# Choucroute garnie (Schwein liebt Wein)

*»Gönnen Sie dem Schwein ruhig ein Maul voll Wein. Dann schmeckt es umso besser.«*

**Für 4 Personen**

1 ½ kg frisches Sauerkraut
2 Zwiebeln
½ Bund Thymian
1 Lorbeerblatt
1 Knoblauchzehe mit Schale
2 EL Schweineschmalz
300 ml trockener Weißwein
200 ml Rinder- oder Hühnerbrühe (siehe Seite 159 und 158)
1 Handvoll Wacholderbeeren (etwa 20 Stück)
750 g frischer durchwachsener Schweinebauch
4–6 Kochwürste (Mettwürste, Wiener Würstchen)

**LEAS TRICK** **Für Gäste richte ich Sauerkraut, Fleisch und Würste auf einer vorgewärmten Platte an und gieße bei Tisch ein Glas Champagner darüber. Das perlt schön, gibt dem Kraut eine Extraportion Aroma – und beeindruckt meine Gäste sehr!**

Das **Sauerkraut** in einem Sieb unter lauwarmem Wasser gründlich waschen. Danach mit den Händen gut ausdrücken und auflockern. Die **Zwiebeln** schälen und in feine Würfel schneiden. Den **Thymian** waschen und trocken schütteln. Thymian, **Lorbeerblatt** und **Knoblauch** in ein Gewürzsäckchen oder einen Teefilter geben und fest verschließen. Den Backofen auf 160 °C (Umluft 140 °C) vorheizen.
Das **Schmalz** in einem Schmortopf erhitzen und die Zwiebeln darin glasig anschwitzen. Das Sauerkraut zugeben und gut unterrühren. Den **Weißwein** und die **Brühe** oder Wasser angießen. Das Kräutersäckchen zum Kraut geben, die **Wacholderbeeren** darüberstreuen und den **Schweinebauch** darauflegen. Den Deckel auflegen und das Sauerkraut im Backofen etwa 1 ½ Stunden schmoren lassen.
Etwa 30 Minuten vor dem Servieren in einem Topf Wasser aufkochen. Den Topf vom Herd nehmen, die **Kochwürste** hineinlegen und in etwa 20 Minuten gar ziehen lassen.
Das Sauerkraut aus dem Ofen nehmen und auf vier vorgewärmten Tellern anrichten. Den Schweinebauch in Scheiben schneiden, die Kochwürste schräg halbieren. Schweinbauch und Würste auf dem Kraut anrichten und servieren. Dazu schmecken Salzkartoffeln und ein Glas Auxerrois von der Mosel.

- SCH-WEIN -

T. GAY

# Saftiger Schweinebraten mit Mirabellen und süßem Wein

*»Ah, was für ein herrlicher Duft kommt da aus dem Ofen … Ich stelle schon mal den Wein kalt.«*

**Für 4 Personen**

1 kg Schweinebraten (aus der Schulter)
Meersalz, Pfeffer
Erdnussöl zum Braten
½ Bund Thymian
1 Zweig Rosmarin
½ Knoblauchknolle mit Schale
1 Glas Mirabellen (720 g Inhalt)
100 g Butter
100 ml Süßwein

*Außerdem*

Küchengarn

Den Backofen auf 190 °C (Umluft 170 °C) vorheizen. Das **Fleisch** mit Küchengarn in Form binden und mit **Meersalz** und **Pfeffer** würzen. Reichlich **Erdnussöl** in einem Schmortopf erhitzen und das Fleisch darin rundum in 10–15 Minuten knusprig goldbraun anbraten. Den Deckel auflegen und das Fleisch im Backofen 25 Minuten garen.

In der Zwischenzeit den **Thymian** und den **Rosmarin** waschen und trocken schütteln. Die Blättchen vom Thymian abzupfen, die Nadeln vom Rosmarin sehr fein hacken. Die **Knoblauchknolle** grob hacken, die **Mirabellen** in ein Sieb abgießen und abtropfen lassen.

Das Fleisch aus dem Topf nehmen und das Öl abgießen. Die **Butter** im Topf schmelzen lassen und den Thymian und den Knoblauch hineinstreuen. Das Fleisch darauflegen und abgedeckt im Ofen nochmals 15 Minuten garen.

Danach Fleisch und Knoblauch aus dem Topf nehmen. Die Mirabellen im Bratfett anbraten, mit dem **Süßwein** ablöschen und mit dem Rosmarin bestreuen. Das Fleisch auf die Mirabellen legen und abgedeckt im Ofen in 10–15 Minuten fertig garen. Den Schweinebraten in Scheiben schneiden und mit den Mirabellen servieren. Fein dazu: ein Commandaria aus Zypern oder ein schöner Muskateller.

# Lammkoteletts mit Rotwein-Kräuter-Butter

*»Diese Kräuterbutter mit Rotwein würde ich sogar dem Weingott höchstpersönlich servieren. Sie schmeckt auch zu anderem Fleisch vom Grill.«*

**Für 4 Personen**

*Kräuterbutter*

200 ml Rotwein
½ Schalotte
½ Knoblauchzehe
10 g Cornichons (aus dem Glas)
10 g Kapern (aus dem Glas)
2 Stängel Petersilie
je 1 Stängel Estragon und Kerbel
je ½ Zweig Thymian und Rosmarin
100 g weiche Butter
1 Schuss Zitronensaft
1 Schuss Tabasco
Meersalz, Pfeffer

*Lammkoteletts*

12 Lammkoteletts
Erdnussöl
Meersalz, Pfeffer

Für die Kräuterbutter den **Rotwein** in einem kleinen Topf sirupartig auf etwa 1 EL einkochen lassen. Inzwischen die **Schalotte** und den **Knoblauch** schälen und in feine Würfel schneiden. Die **Cornichons** und die **Kapern** fein hacken. Die **Kräuter** waschen und trocken schütteln. Blätter und Nadeln abzupfen und fein schneiden. Die **Butter** cremig rühren. Schalotte, Knoblauch, Cornichons, Kapern und Kräuter unterrühren. Die Kräuterbutter mit **Zitronensaft**, **Tabasco**, **Meersalz** und **Pfeffer** würzen. Den eingekochten Rotwein unterrühren, die Butter zu einer Rolle formen, in Frischhaltefolie wickeln und im Kühlschrank 1 Stunde fest werden lassen.
Für die Lammkoteletts den Backofen auf 180 °C (Umluft 160 °C) vorheizen. Die **Koteletts** von beiden Seiten leicht mit **Öl** bepinseln. Eine Grillpfanne stark erhitzen und die Koteletts darin von beiden Seiten anbraten. Mit **Meersalz** und **Pfeffer** würzen, aus der Pfanne nehmen und im Ofen in 5 Minuten fertig garen. Die Kräuterbutter in Scheiben schneiden. Die Koteletts auf vier vorgewärmten Tellern anrichten und mit der Kräuterbutter servieren. Dazu schmecken dünne Pommes frites, Salat und ein Glas Rioja Tempranillo.

**LÉAS TRICK** Die Lammkoteletts garniere ich gerne mit frittiertem Salbei. Dafür neutrales Öl in einer Fritteuse oder einer großen Pfanne auf 160–170 °C erhitzen. 20 schöne Salbeiblätter waschen, sorgfältig trocken tupfen und nacheinander im heißen Öl in 20 Sekunden knusprig frittieren (Vorsicht, das spritzt!). Mit einer Schaumkelle herausheben und sofort zwischen Küchenpapier behutsam flach drücken.

# Luxemburger Poularde in Rieslingsauce

*»So bereiten wir in Luxemburg ein gutes Huhn zu: nämlich mit Riesling. Da kann der französische Coq au Vin doch einpacken! Oder?«*

**Für 4 Personen**
1 küchenfertige Poularde (etwa 1,6 kg)
Meersalz, Pfeffer
2 Schalotten
1 Knoblauchzehe mit Schale
1 Handvoll kleine weiße Champignons
1 Bund Thymian
3 EL geklärte Butter (siehe Seite 166)
3 EL Butter (1 davon gekühlt)
1–2 EL Mehl
1 großzügiger Schuss Cognac
½ l Riesling
1 Lorbeerblatt
1 Eigelb
100 g Sahne

*Pilawreis*
1 Zwiebel
1 EL Butter
200 g Langkornreis
1 Bouquet garni (Kräutersträußchen aus Petersilienstängel, Lorbeerblatt und Thymian, in 1 Lauchblatt gewickelt)
½ l Hühnerbrühe (siehe Seite 158)

**LÉAS TRICK** **Zur Poularde in Riesling gehören immer auch ein paar Champignons. Sie fangen die Säure vom Wein auf und machen die Sauce sanft.**

Die **Poularde** kalt abspülen, restliche Federchen entfernen und mit Küchenpapier trocken tupfen. Das Huhn dann in 8 Teile zerlegen und die Filets beiseitelegen. Die restlichen Teile mit **Meersalz** und **Pfeffer** würzen. Die **Schalotten** schälen und achteln, den **Knoblauch** halbieren. Die **Champignons** feucht abwischen und putzen. Den **Thymian** waschen und trocken schütteln. In einer Pfanne 2 EL **geklärte Butter** erhitzen und die Fleischstücke darin rundum goldgelb anbraten. In einem Schmortopf 2 EL **Butter** schmelzen lassen. Angebratenes Fleisch, Schalotten und Pilze hineingeben. Mit dem **Mehl** bestäuben, mit dem **Cognac** beträufeln und flambieren. Den **Riesling** dazugießen, Knoblauch, Thymian und **Lorbeerblatt** zugeben und die Poularde abgedeckt bei mittlerer Hitze etwa 40 Minuten schmoren lassen, bis das Fleisch weich ist.

Während die Poularde schmort, für den Pilaw den Backofen auf 180 °C (Umluft 160 °C) vorheizen. Die **Zwiebel** schälen und in feine Würfel schneiden. Die **Butter** in einem kleinen Schmortopf erhitzen und die Zwiebel darin glasig anschwitzen. Den **Reis** mit anschwitzen, bis die Körner heiß und glasig sind. Das **Bouquet garni** zugeben und die **Hühnerbrühe** dazugießen. Aufkochen und den Reis abgedeckt im Ofen 15 Minuten garen.

Fleisch, Schalotten, Pilze und Kräuter aus dem Schmortopf nehmen, die Sauce durch ein Haarsieb in einen Topf passieren. **Eigelb** und **Sahne** verquirlen. Die Sauce aufkochen, vom Herd nehmen und mit der Eigelbsahne binden. Die kalte Butter einrühren und mit Meersalz und Pfeffer abschmecken. Sauce, Fleisch und Pilze zurück in den Schmortopf geben.

Die Filets in 1 EL geklärter Butter anbraten, in je 2–3 Stücke schneiden, auf das Fleisch legen und kurz ziehen lassen. Die Poularde im Schmortopf mit dem Pilaw servieren. Stilecht dazu: Riesling von der Mosel.

STAUB

– Boularden im Burgund –

# Ente mit pikanter Glühweinsauce

*»Wenn die Enten wüssten, mit welch aromatischem Sößchen sie mal auf dem Teller landen.«*

**Für 4 Personen**

*Glühweinsauce*

2 Knoblauchzehen mit Schale
½ Bund Thymian
1 Zimtstange
3 Gewürznelken
2 Sternanis
10 grüne Kardamomkapseln
½ TL weiße Pfefferkörner
3 Lorbeerblätter
Schale von ½ Bio-Orange
2 EL Zucker
½ l Rotwein (z. B. Côtes du Rhône)
1 TL Speisestärke
50 g Butter
Meersalz

*Ente*

2 Entenbrustfilets (à 200 g)
Meersalz, Pfeffer
Erdnussöl zum Braten

Für die Glühweinsauce den **Knoblauch** halbieren, den **Thymian** waschen und trocken schütteln. Knoblauch, Thymian, **Gewürze**, **Orangenschale**, **Zucker** und **Rotwein** in einem Topf mischen und 20 Minuten köcheln lassen. Danach vom Herd nehmen und weitere 20 Minuten ziehen lassen.

Inzwischen für die Ente die **Brustfilets** waschen, trocken tupfen und die Haut rautenförmig einritzen. Mit **Meersalz** und **Pfeffer** würzen. Etwas **Erdnussöl** in einer Pfanne erhitzen und die Filets darin auf der Hautseite 5 Minuten anbraten. Wenden und von der zweiten Seite ebenfalls 5 Minuten braten. Herausnehmen und abgedeckt 10 Minuten warm stellen.

Für die Sauce die **Speisestärke** mit 2 EL Wasser verquirlen. Den Glühweinsud durch ein Haarsieb gießen und wieder aufkochen. Die angerührte Stärke einrühren und die Sauce damit binden.

Die **Butter** mit dem Schneebesen unterrühren und die Sauce mit **Meersalz** abschmecken.

Die Filets längs in Scheiben schneiden, auf vier vorgewärmten Tellern anrichten und mit der Sauce beträufeln. Mit Grillkartoffeln und einem Glas Côtes du Rhône servieren.

Lass uns lieber abhauen.
Wieso? Die Marinade sieht lecker aus.
P. GAY

# Kaninchen in Strohwein

*»Bitten Sie Ihren Metzger darum, das Kaninchen zu zerteilen. Und wenn er nicht will, locken Sie ihn mit einer guten Flasche Wein! Da wird er nicht widerstehen.«*

**Für 4 Personen**

*Kaninchen und Sauce*

1–2 EL Olivenöl
1 EL geklärte Butter (siehe Seite 166)
1 Prise brauner Zucker
1 junges küchenfertiges Kaninchen (etwa 1,5 kg, in 8 Teile zerlegt)
Meersalz, Pfeffer
Saft von ½ Orange
½ l Strohwein
etwa ¼ l Hühnerbrühe (siehe Seite 158)
2 Wacholderbeeren
2 Streifen Bio-Orangenschale
50 g Sahne
40 g kalte Butter

*Gemüse*

600 g gemischtes junges Gemüse (Erbsen, Frühlingszwiebeln, Karotten)
Meersalz
2 EL Butter
Pfeffer

Für das Kaninchen **Olivenöl** und **geklärte Butter** in einem Schmortopf erhitzen und den **Zucker** hineinstreuen. Die **Kaninchenteile** mit **Meersalz** und **Pfeffer** würzen und rundum darin anbraten. Mit dem **Orangensaft** und dem **Strohwein** ablöschen und mit **Hühnerbrühe** aufgießen, bis das Fleisch knapp bedeckt ist. Die **Wacholderbeeren** leicht andrücken und mit der **Orangenschale** dazugeben. Das Fleisch zugedeckt bei schwacher Hitze etwa 1 Stunde schmoren lassen, bis es weich ist. Danach das Kaninchen aus dem Topf nehmen und den Fond durch ein Haarsieb passieren. Zwei Drittel des Kaninchenfonds für die Sauce in einem kleinen Topf auf die Hälfte einkochen lassen.
Während der Fond einkocht, das **Gemüse** nach Bedarf putzen oder schälen, waschen und in Stücke schneiden. Die Gemüsesorten einzeln in kochendem **Salzwasser** bissfest blanchieren, eiskalt abschrecken und abtropfen lassen. Die **Butter** in einer Pfanne erhitzen und das blanchierte Gemüse darin wenden. Leicht salzen und mit **Pfeffer** übermahlen.
Zum Servieren die geschmorten Kaninchenstücke im restlichen Kaninchenfond erwärmen. Inzwischen die **Sahne** mit dem Schneebesen in den reduzierten Fond rühren und die **kalte Butter** in Flöckchen unterschlagen. Die Sauce mit Meersalz und Pfeffer abschmecken. Jeweils 2 Kaninchenstücke mit Gemüse auf vier vorgewärmten Tellern anrichten und etwas Sauce über das Fleisch träufeln. Restliches Gemüse und Sauce extra servieren.
Ideal dazu: ein feinherber Riesling.

Kicher
Hicks!
Psssst
Wer liegt oben??
T. GAY

# Strohwein – gepresste »Mumien«

Für den edelsüßen Strohwein werden die Trauben nach der Lese auf Stroh getrocknet. Bei diesem Wochen oder sogar Monate dauernden Vorgang verdunstet der Wasseranteil der Trauben, und der Zuckergehalt steigt. Werden diese Weintrauben-»Mumien« dann gepresst, entsteht ein schwerer, lagerfähiger Wein mit einem Alkoholgehalt von 14 Vol.-% und mehr. Dieser Dessertwein heißt in Frankreich »Vin de Paille« und in Italien »Vino Passito«, besser bekannt als Vin Santo, Amarone oder Recioto.

Nur in Deutschland wäre der Strohwein im Strudel der Bürokratie fast ersoffen, denn 1971 verbot das deutsche Weingesetz seine Herstellung. Warum auch immer ... Allein dem Engagement von zwei Moselwinzern ist es zu verdanken, dass diese jahrhundertealte Weinspezialität in Deutschland erhalten blieb und jetzt auch wieder hergestellt werden darf. Zu haben ist sie unter dem mundartlichen Namen »Striehween« – die Bezeichnung Strohwein haben sich nämlich die Österreicher reserviert!

Gibt es irgendwas, wo du keinen Wein reintun würdest?
Müsli
SENF
P. GAY

Soll ich wieder mal chinesische Reispfanne machen?
Da hab ich nix Passendes zu.
P. GAY

# Hirsch bourguignon mit Blattschuss und Burgunder

**Für 4 Personen**

600 g Hirschfleisch (aus dem Rücken)
2–3 EL geklärte Butter (siehe Seite 166)
Meersalz, Pfeffer
50 ml Balsamicoessig
500 ml Wildfond (aus dem Glas) oder Rinderbrühe (siehe Seite 159)
200 ml roter Burgunder
1 EL kalte Butter

*Garnitur*

100 g durchwachsener Räucherspeck
150 g kleine braune Champignons
100 g kleine Zwiebeln
2–3 EL Butter

Das **Hirschfleisch** in etwa 3 cm große Würfel schneiden. Die **geklärte Butter** in einem Schmortopf erhitzen. Das Fleisch hineingeben, mit **Meersalz** und **Pfeffer** würzen und kräftig anbraten. Dann erst wenden. Mit dem **Essig** ablöschen und 1 Minute einkochen lassen. Mit **Wildfond** und **Burgunder** aufgießen und das Fleisch abgedeckt etwa 20 Minuten schmoren lassen, bis es weich ist.

Während das Fleisch schmort, für die Garnitur den **Speck** fein würfeln. Die **Champignons** feucht abwischen und putzen, die **Zwiebeln** schälen. In einer Pfanne 2 EL **Butter** erhitzen und die Speckwürfel darin bei starker Hitze unter Schwenken anbraten (sautieren). Mit einer Schaumkelle herausheben. Danach die Champignons und zuletzt die Zwiebeln in der Butter sautieren. Bei Bedarf noch etwas Butter zugeben.

Das Fleisch mit der Schaumkelle aus dem Topf nehmen und auf einem Teller abgedeckt warm stellen. Den Fond auf die Hälfte einkochen lassen. Den ausgetretenen Fleischsaft dazugießen und die Sauce mit der **kalten Butter** in Flöckchen montieren. Mit Meersalz und Pfeffer abschmecken. Das Fleisch wieder zugeben und einige Minuten in der Sauce erwärmen. Den Hirsch mit der Garnitur auf vier vorgewärmten Tellern anrichten. Dazu schmecken in Butter gebratene Spätzle und ein Glas Rotwein aus dem Burgund.

Mein Fleisch hat Kork!
P. GAY

Schmeckt's?

# Zartes Rehfilet mit Winterfrüchten und Schokoladen-Rotwein-Sauce

*»Feines Reh, süße Früchte und eine samtig-dunkle Sauce auf dem Teller. Da lacht des Jägers Herz ... und meines auch.«*

**Für 4 Personen**

*Winterfrüchte*

1 Apfel oder Birne
100 ml Weißwein
1 ½ EL Zucker
4 Feigen
50 g Butter
250 g Pfifferlinge
Meersalz, Pfeffer
8 gegarte Esskastanien (Maronen, aus dem Glas)

*Rehfilet und Schokoladen-Rotwein-Sauce*

2 EL geklärte Butter (siehe Seite 166)
600 g Rehfilet
Meersalz, Pfeffer
200 ml Rotweinsauce (siehe Seite 161)
1 EL Johannisbeergelee (schwarz oder rot)
1 Rippe dunkle Schokolade
1 Schuss Cognac
20 g kalte Butter

Für die Winterfrüchte den **Apfel** schälen und vierteln. Die Viertel dann längs in dünne Scheiben schneiden. Den **Weißwein** mit 1 EL **Zucker** in einem Topf erhitzen und die Scheiben darin bissfest dünsten. Die **Feigen** waschen und vierteln. In einer Pfanne 1–2 EL **Butter** erhitzen, den restlichen Zucker hineinstreuen und die Feigen darin karamellisieren lassen. Die **Pfifferlinge** feucht abwischen, putzen und in der restlichen Butter braten. Mit **Meersalz** und **Pfeffer** abschmecken. Die **Esskastanien** über Wasserdampf erwärmen.

Für das Rehfilet den Backofen auf 200 °C (Umluft 180 °C) vorheizen. Die **geklärte Butter** in einer Pfanne aufschäumen lassen. Das **Rehfilet** mit **Meersalz** und **Pfeffer** würzen und rundum darin anbraten. Die Pfanne dann auf die geöffnete Backofentür stellen und das Filet am offenen Backofen noch 10 Minuten ziehen lassen. Dabei entspannt sich das Fleisch und der Saft sammelt sich.

Die **Rotweinsauce** erhitzen. Den ausgetretenen Fleischsaft einrühren und das **Johannisbeergelee** und die **Schokolade** darin schmelzen lassen. Die Sauce durch ein Haarsieb passieren und den **Cognac** zugeben. Die Sauce mit der **kalten Butter** in Flöckchen montieren und mit Meersalz und Pfeffer abschmecken. Das Rehfilet in Scheiben schneiden und mit den Winterfrüchten und der Sauce auf vier vorgewärmten Tellern anrichten. Die restliche Sauce extra servieren. Ein schönes Glas dunkler Burgunder mundet hervorragend dazu.

P. GAY
P. GAY

# MEER WEIN!

# Fisch de luxe mit Tomate und Champagner

*»Schnell zubereitet und mit einem großen Schluck Schampus – so esse ich Fisch am liebsten.«*

**Für 4 Personen**

2 reife Tomaten

3 Stängel Basilikum

4 Edelfischfilets (à 120 g, z. B. Seezunge, Sankt Petersfisch, Steinbutt)

70 g Butter

Meersalz

200 ml Champagner, Crémant oder guter Sekt

2 EL geschlagene Sahne

1 Spritzer Zitronensaft

Die **Tomaten** häuten, halbieren und entkernen. Die Stielansätze entfernen und das Fruchtfleisch in kleine Würfel schneiden. Das **Basilikum** waschen, trocken schütteln und sehr fein schneiden. Die **Fischfilets** kalt abspülen, trocken tupfen und eventuell verbliebene Gräten mit einer Pinzette herauszupfen.

In einer Pfanne 2 EL **Butter** erhitzen, die restliche Butter kühl stellen. Die Fischfilets in der heißen Butter hell andünsten. Leicht **salzen**, mit dem **Champagner** ablöschen und etwas einkochen lassen. Dann 4 TL Tomatenwürfel und das Basilikum zugeben und einige Sekunden mitköcheln lassen. Den Fisch herausnehmen und abgedeckt bis zum Servieren warm stellen.

Die kalte Butter in Flöckchen mit einem Schneebesen unter die Sauce schlagen. Die **geschlagene Sahne** unterheben und die Sauce mit **Zitronensaft** und Meersalz abschmecken. Den Fisch mit der Sauce auf vier vorgewärmten Tellern anrichten. Dazu schmecken Spinat und Basmatireis – und ein Glas gut gekühlter Champagne rosé oder Bianco di Custoza.

# Heiliger Petrus mit Zucchininudeln und Kardamom-Schampus-Sauce

*»Petrusfisch – so müsste dieser bizarr geformte Meeresbewohner mit dem festen, weißen Fleisch eigentlich heißen. Der Legende nach ist der schwarze Punkt auf seinen Flanken nämlich der Fingerabdruck des Apostels Petrus. Aber ob Petrus oder Peter, ein Leckerbissen ist der Fisch immer.«*

**Für 4 Personen**

*Kardamom-Schampus-Sauce und Petersfisch*

400 ml Fond de Jacqueline oder Hühnerbrühe (siehe Seite 160 und 158)
1 TL Kardamomsamen
80 g Butter
50 ml Champagner, Crémant oder guter Sekt
Meersalz, Pfeffer
8 Sankt-Petersfisch-Filets (à 80–100 g)
3 EL Olivenöl

*Zucchininudeln*

400 g kleine Zucchini
30 g Butter
Meersalz

Für die Sauce den **Fond** in einem Topf auf die Hälfte einkochen lassen. Die **Kardamomsamen** im Mörser grob zerstoßen. In einem Topf 30 g **Butter** aufschäumen lassen, die restliche Butter kühl stellen. Den Kardamom in die heiße Butter streuen, den **Champagner** dazugießen und sirupartig einkochen lassen. Den eingekochten Fond dazugießen und alles bei schwacher Hitze 15 Minuten sanft köcheln lassen. Danach die kalte Butter in Flöckchen mit einem Schneebesen unterschlagen und die Sauce mit **Meersalz** und **Pfeffer** abschmecken.

Während die Sauce köchelt, für die Nudeln die **Zucchini** putzen, waschen und längs in dünne Streifen hobeln. Die **Butter** in einer Pfanne erhitzen und die Streifen darin etwa 2 Minuten schwenken, bis sie bissfest sind. Mit **Meersalz** würzen.

Für den Fisch die **Filets** kalt abspülen, trocken tupfen und eventuell verbliebene Gräten mit einer Pinzette herauszupfen. Das **Öl** in einer Pfanne erhitzen und die Fischfilets darin kurz dünsten. Mit etwas Pfeffer übermahlen und mit der Sauce und den Zucchininudeln auf vier vorgewärmten Tellern anrichten. Sofort servieren.

Ausgezeichnet dazu: Sancerre.

REZEPT
T. GAY

# Weiß oder rot?

Sei es für Fischgerichte oder für Saucen zu Fisch – in der Fischküche bevorzugt man traditionell Weißwein und Champagner. Der Grund: Weißwein und Schampus sind säurehaltig. Deshalb passen sie perfekt zum feinen Fleisch von Süßwasserfisch, Seefisch und zu Meeresfrüchten. Außerdem enthalten sie keine Gerbstoffe (Tannine) – im Gegensatz zu Rotwein. Die harmonieren nämlich nicht besonders gut mit dem zarten Aroma von Fisch und Meeresbewohnern.

Welchen Weißwein Sie dann allerdings in Ihrer Küche für Fisch verwenden, bleibt Ihnen überlassen. Riesling, Elbling oder Silvaner, Champagner, Crémant oder Sekt – die Auswahl der Sorten ist groß. Greifen Sie nicht zum billigsten Wein, aber auch nicht zum teuersten. Wenn Sie den Wein selbst gerne trinken, dann mag ihn auch Ihr Fisch.

# Sanft gebratener Kabeljau mit Muscheln in Weißwein-Safran-Sauce

**Für 4 Personen**

*Muscheln und Kabeljau*

500 g Miesmuscheln
1 Schalotte
3 EL Butter
200 ml Weißwein
4 Kabeljaufilets (à 200 g, aus dem Rücken)
2 Stangen Lauch
Meersalz

*Weißwein-Safran-Sauce*

1 TL mildes Currypulver
6 Safranfäden
100 g Sahne
30 g kalte Butter
Meersalz, Pfeffer

*»Gebraten ist der Kabeljau eine echte Delikatesse. Leider macht er sich in den Fanggründen inzwischen ziemlich rar.«*

Die **Miesmuscheln** gründlich in kaltem Wasser abbürsten und den Bart entfernen. Geöffnete Exemplare aussortieren. Die **Schalotte** schälen und in feine Würfel schneiden. In einem Topf 1 EL **Butter** erhitzen und die Schalotte darin glasig anschwitzen. Mit dem **Weißwein** ablöschen und aufkochen lassen. Die Muscheln zugeben und abgedeckt etwa 5 Minuten garen, bis sie sich öffnen. Dabei zweimal umrühren, damit sie gleichmäßig garen. Mit einer Schaumkelle aus dem Topf heben und geschlossene Muscheln aussortieren. Die Oberschalen der Muscheln ablösen, den Sud durch ein Haarsieb in einen kleinen Topf gießen.

Die **Kabeljaufilets** kalt abspülen, trocken tupfen und eventuell verbliebene Gräten mit einer Pinzette herauszupfen. Den **Lauch** putzen, halbieren und waschen. Die Hälften zuerst in 5 cm lange Stücke, dann in feine Streifen (Julienne) schneiden. Die Streifen in kochendem **Salzwasser** bissfest blanchieren, eiskalt abschrecken und abtropfen lassen. In einer großen Pfanne 2 EL Butter erhitzen und die Fischfilets darin mit der Hautseite nach unten bei mittlerer Hitze 3 Minuten hell anbraten. Den Fisch wenden und von der zweiten Seite ebenfalls 1–2 Minuten braten. Die Pfanne vom Herd nehmen und den Fisch glasig durchziehen lassen. Während der Fisch brät, für die Sauce den Muschelsud um ein Drittel einkochen lassen. **Curry** und **Safran** zugeben und einige Minuten mitköcheln lassen. Die **Sahne** dazugießen und die Sauce mit dem Pürierstab schaumig aufschlagen. Die **Butter** in Flöckchen untermixen und die Sauce mit **Meersalz** und **Pfeffer** abschmecken. Die Muscheln in der Unterschale darin erwärmen. Lauch, Fisch und Muscheln auf vier vorgewärmten Tellern anrichten und mit der Sauce beträufeln. Dazu schmecken Salzkartoffeln oder Basmatireis und ein Vinho verde.

# Seezunge mit Schampus-Krabben und Lauch-Linguine

*»Natürlich schmeckt der Fisch mit selbst gepulten Krabben am besten. Dafür Kopf und Hinterteil des Tieres jeweils zwischen zwei Finger nehmen, den Panzer in der Mitte knicken und mit einer Drehbewegung nach beiden Seiten abziehen – und dazu ein kühles Glas Schampus trinken.«*

**Für 4 Personen**

*Seezunge und Schampus-Krabben*

8 Seezungenfilets (à 60–70 g)
Meersalz
60 g Butter
80 ml Champagner, Crémant oder guter Sekt
40 ml trockener alter Sherry (Tio Pepe)
100 ml Fond de Jacqueline oder Hühnerbrühe (siehe Seite 160 und 158)
150 g gepulte Nordseekrabben (450 g in der Schale)

*Lauch-Linguine*

2 dünne Stangen Lauch
200 g Linguine (siehe Seite 165)
Meersalz
2 EL Butter

**LÉAS TRICK** **Wenn Sie keine Zeit zum Nudelmachen haben, kaufen Sie frische Linguine. Die gibt's bei kleinen Nudelmachern, italienischen Feinkostläden oder in gut sortierten Supermärkten. Schauen Sie sich doch in Ihrer Gegend mal um.**

Die **Seezungenfilets** kalt abspülen, trocken tupfen und eventuell verbliebene Gräten mit einer Pinzette herauszupfen. Die Filets zwischen Frischhaltefolie etwas flach klopfen, dann **salzen**. In einer großen beschichteten Pfanne 2 EL **Butter** erhitzen, die restliche Butter kühl stellen. Die Fischfilets in der heißen Butter bei mittlerer Hitze in 3–4 Minuten hell andünsten. Aus der Pfanne nehmen und auf einem vorgewärmten Teller abgedeckt warm stellen. Den Bratensatz mit dem **Champagner** ablöschen und sirupartig einkochen lassen. **Sherry** und **Fond** dazugießen und wieder leicht einkochen. Dann die kalte Butter in Flöckchen unterschlagen und die Sauce mit Meersalz abschmecken.

Während die Sauce einkocht, für die Linguine den **Lauch** putzen, halbieren und waschen. Die Hälften zuerst in 5 cm lange Stücke, dann in feine Streifen (Julienne) schneiden. Lauchstreifen und **Linguine** zusammen in reichlich kochendem **Salzwasser** bissfest garen. In ein Sieb abgießen, dabei das Nudelwasser auffangen. Einige Esslöffel Nudelwasser in eine Pfanne geben und die **Butter** darin schmelzen lassen. Die Lauchnudeln darin schwenken und mit Meersalz abschmecken.

Zuletzt die **Krabben** in der Sauce erwärmen. Jeweils ein Viertel der Nudeln mit einer Fleischgabel zu einer Rolle formen und auf vier vorgewärmten Tellern anrichten. Je 2 Seezungenfilets danebenlegen, die Krabben darauf verteilen und mit etwas Sauce überziehen. Sofort servieren, am besten mit einem schönen Glas Vermentino.

Ich habe Barolo im Supermarkt gekauft – die Flasche für 2,99.
Zur Buße rutsche auf den Knien von hier bis in die Toskana!
T. GAY

# Forelle blau, mit Zitronenmayonnaise kalt serviert

*»Am Anfang war nur die Forelle blau …, nach dem Essen auch wir.«*

**Für 2 Personen**

*Forellen*

2 küchenfertige Forellen (à 400 g)
1 Bund glatte Petersilie
2 Frühlingszwiebeln (nur der weiße und hellgrüne Teil)
1 dünne Stange Lauch
2 Karotten
100 g Knollensellerie
2 Zwiebeln
2 Zweige Thymian
Meersalz
1 Lorbeerblatt
1 Gewürznelke
½ l weißer Elbling

*Zitronenmayonnaise*

2 sehr frische Eigelb
1 EL Dijonsenf
¼ l Sonnenblumenöl
je 1 Prise Meersalz und Zucker
Saft von 1 Zitrone

*Außerdem*

Fischkochtopf

Die **Forellen** behutsam innen und außen kalt abspülen, dabei jedoch die Schleimschicht nicht verletzen. Die **Petersilie** waschen, trocken schütteln und jeweils 2–3 Stängel in die Bauchhöhlen der Fische stecken.

**Frühlingszwiebeln** und **Lauch** waschen, putzen, längs halbieren und in dünne Streifen schneiden. **Karotten**, **Sellerie** und **Zwiebeln** schälen. Karotten und Zwiebeln in dünne Scheiben schneiden, den Sellerie in dünne Streifen. Den **Thymian** waschen und trocken schütteln. Im Fischkochtopf 1 l Wasser aufkochen und kräftig **salzen**. Thymian, **Lorbeerblatt**, **Gewürznelke**, 2–3 Stängel Petersilie und das Gemüse hineingeben und bissfest garen. Den **Elbling** dazugießen, die Forellen in den Sud legen und kurz aufkochen. Die Hitze dann sofort reduzieren und die Fische abgedeckt bei schwacher Hitze in 6–8 Minuten sanft gar ziehen lassen. Zur Garprobe an der Rückenflosse zupfen. Lässt sie sich leicht herausziehen, sind die Fische gar. Die Forellen abkühlen lassen. Die restliche Petersilie fein schneiden.

Für die Mayonnaise **Eigelbe** und **Senf** mit dem Schneebesen verquirlen. Dann das **Öl** in einem dünnen Strahl dazugießen und dabei beständig weiterrühren. Die Mayonnaise zuletzt nochmals kräftig durchschlagen und mit **Meersalz**, **Zucker** und **Zitronensaft** abschmecken.

Die Forellen mit der Petersilie bestreuen und mit der Mayonnaise servieren. Ein Elbling von der Mosel schmeckt ausgezeichnet dazu.

– Forelle blau –

# Ich mach dann mal blau ...

Bekanntlich will Fisch ja schwimmen. Darf er das wie beim Blaukochen in einem würzigen Weinsud – oder auch Essigsud –, verändert der Fisch sogar seine Farbe. Gönnen Sie Süßwasserfisch ruhig mal dieses Vergnügen, er wird es Ihnen mit einem ganz besonderen Aroma danken.

Für die sanfte Garmethode des Blaukochens eignen sich alle Süßwasserfische mit einer dicken Schleimschicht, also beispielsweise Forelle, Saibling, Renke oder Karpfen. Auf keinen Fall darf diese Schleimschicht aber bei der Vorbereitung des Fisches zerstört werden. Beim Garen im heißen Sud verändern sich dann bestimmte Eiweiße in der Schleimschicht, und der Fisch schimmert plötzlich bläulich. Dieser Schimmer fällt mehr oder weniger leuchtend aus, je nachdem wie säurehaltig der Garsud ist. Auch beim Blaukochen gilt: Achten Sie unbedingt auf eine gute Qualität des verwendeten Weißweins oder Essigs, denn sein Aroma spiegelt sich im blau gegarten Fisch wider.

# Bachsaibling im Weinbad auf Quinoa

*»Der Saibling badet hier nicht in frischem Wasser, sondern in Wein. Und der kommt als feines Sößchen gleich mit auf den Tisch. Einfacher kann man diesen edlen Süßwasserfisch nicht zubereiten.«*

**Für 4 Personen**

*Quinoa*

Meersalz
120 g Quinoa

*Bachsaibling*

5 Schalotten
4 Bachsaiblingfilets
Meersalz
etwa ¾ l trockener Weißwein
100 g kalte Butter
Kerbelblättchen zum Servieren

Für die Quinoa in einem Topf ½ l Wasser aufkochen und **salzen**. Die **Quinoa** einstreuen und 10–15 Minuten leicht köcheln lassen, bis das gesamte Wasser aufgesogen ist und die Körner weich sind. Dabei gelegentlich umrühren.

Während die Quinoa gart, für den Saibling den Backofengrill auf 250 °C vorheizen. Die **Schalotten** schälen, in Scheiben schneiden und auf dem Boden eines weiten Topfes verteilen. Die **Fischfilets** kalt abspülen, trocken tupfen und eventuell verbliebene Gräten mit einer Pinzette herauszupfen. Die Filets **salzen** und mit der Hautseite nach unten auf die Schalotten legen. So viel **Wein** dazugießen, bis die Oberfläche der Fische ganz knapp bedeckt ist. Den Fisch unter dem Grill (oben) bei offener Backofentür 7 Minuten garen. Fisch und Schalotten aus dem Topf nehmen und abgedeckt warm stellen. Den Weinsud auf die Hälfte einkochen lassen. Die **kalte Butter** in Flöckchen unterschlagen und den Sud damit binden.

Die Quinoa kreisförmig auf vier vorgewärmten Tellern anrichten. Die Fischfilets und einige Schalotten darauflegen und etwas Sauce rundum träufeln. Mit **Kerbel** bestreuen und mit einem Grünen Veltliner aus dem Kremstal servieren.

Bevor wir den Fisch jetzt fachgerecht ausnehmen…
was machen wir?

Das ist also ein Grüner Veltliner. Gibt's den auch in anderen Farben?
ROSSO DI ROCCO
ROSÉ
P. GAY

# Zander im Sektteig gebacken mit Kräutermayonnaise

*»Heute gibt's Backfisch in der Luxusversion. Alle zu Tisch!«*

**Für 4 Personen**

*Zander*

600 g dünnes Zanderfilet
2 Knoblauchzehen
Meersalz
2–3 EL Weißwein
2 Eier
100 g Mehl
Pfeffer
etwa 6 EL Champagner, Crémant oder guter Sekt
Öl zum Ausbacken
4 Zitronenspalten

*Kräutermayonnaise*

2 sehr frische Eigelb
1 EL Dijonsenf
¼ l Sonnenblumenöl
Meersalz
1 Prise Piment d'Espelette
je 1 EL fein geschnittener Estragon, Kerbel, Petersilie und Schnittlauch
1 Spritzer Zitronensaft

Das **Zanderfilet** kalt abspülen, trocken tupfen und eventuell verbliebene Gräten mit einer Pinzette herauszupfen. Das Filet dann in 5–6 cm lange Stücke schneiden. Den **Knoblauch** schälen und in dünne Scheiben schneiden. Die Hälfte der Knoblauchscheiben in eine flache Porzellanform legen. Die Fischstücke **salzen** und ebenfalls in die Form legen. Die restlichen Knoblauchscheiben darauf verteilen, den Fisch mit **Weißwein** beträufeln und 20–30 Minuten marinieren lassen.
Inzwischen für den Backteig **Eier**, **Mehl**, 1 kräftige Prise Meersalz und **Pfeffer** verquirlen. So viel **Champagner** dazugießen, bis ein dickflüssiger Teig entsteht. (Er sollte dicker als Pfannkuchenteig sein.)
Für die Mayonnaise **Eigelbe** und **Senf** mit dem Schneebesen verquirlen. Dann das **Öl** in einem dünnen Strahl dazugießen und dabei beständig weiterrühren. Die Mayonnaise zuletzt nochmals kräftig durchschlagen und mit **Meersalz** und **Piment d'Espelette** würzen. Die **Kräuter** unterheben, die Mayonnaise mit **Zitronensaft** abschmecken und in vier Schälchen füllen.
In einer Pfanne reichlich **Öl** erhitzen. Die Zanderstücke mit Küchenpapier trocken tupfen, nacheinander in den Backteig tauchen und im heißen Öl schwimmend knusprig goldbraun ausbacken. Auf Küchenpapier abtropfen lassen und heiß mit der Mayonnaise und den **Zitronenspalten** servieren. Dazu schmecken knuspriges Baguette und ein kühler Chablis oder fränkischer Silvaner.

Ich singe euch jetzt das traurige Lied von der einsamen Flasche, die ihr ganzes Leben im Weinkeller liegt und von niemandem beachtet wird. – THE LONESOME-BOTTLE-BLUES!
Yeah!
P. GAY

WEINKELLER
Unbefugten ist der Zutritt untersagt. Außer mir sind alle unbefugt!
Papa
P. GAY

# Hechtsoufflés mit Rieslingsauce

*»Hecht ist ein edler Speisefisch – leider hat er viele feine Gräten! Deshalb bringe ich ihn als Soufflé auf den Tisch. Dafür wird das Fleisch so zerkleinert, dass man die Gräten beim Essen nicht mehr spürt!«*

**Für 4 Personen**

*Hechtsoufflés*

350 g Hechtfilet ohne Haut
3 Scheiben Toastbrot
50 ml Milch
250 g kalte Sahne
1 Ei
2 EL weiche Butter
Meersalz
Schnittlauchröllchen zum Bestreuen

*Rieslingsauce*

1 kleine Karotte
1 grünes Lauchblatt
Meersalz
1 Schalotte
1 Tomate
1–2 Stängel Estragon
1 EL Butter
¼ l Riesling
1 Msp. Currypaste oder -pulver
100 g Sahne
Pfeffer
1 Spritzer Zitronensaft

*Außerdem*

Schlagkessel
4 Souffléförmchen (à 150 ml Inhalt)
Butter für die Förmchen

Für die Soufflés das **Hechtfilet** kalt abspülen, trocken tupfen, in Würfel schneiden und abgedeckt kühl stellen. Das **Toastbrot** entrinden, 40 g abwiegen, zerpflücken und in der **Milch** einweichen. Ebenfalls kühlen. Das Hechtfilet im Mixer sehr fein pürieren. Das Brot gut ausdrücken und untermixen. Die **Sahne** in Portionen dazugießen und gut unterrühren, bis die Farce glatt ist. **Ei** und **Butter** untermixen und die Farce durch ein Haarsieb passieren.
Den Schlagkessel auf ein Eiswasserbad (siehe Seite 143) setzen und darin 2 EL Farce mit ½ TL **Meersalz** kräftig verrühren. Die restliche Farce esslöffelweise unterschlagen, bis die Masse glatt und glänzend ist. Mit Meersalz abschmecken. In einem Topf mit Dampfeinsatz etwas Wasser zum Köcheln bringen. Die Förmchen mit **Butter** einfetten und jeweils zu zwei Dritteln mit der Farce füllen. Die Soufflés 15–18 Minuten im Dampf garen.
Inzwischen für die Sauce die **Karotte** schälen, das **Lauchblatt** waschen und beides in sehr feine Würfel (Brunoise) schneiden. Diese in kochendem **Salzwasser** bissfest blanchieren, eiskalt abschrecken und beiseitestellen. Die **Schalotte** schälen und fein würfeln. Die **Tomate** in Würfel schneiden, dabei den Stielansatz entfernen. Den **Estragon** waschen, trocken schütteln und die Blätter grob schneiden. Die **Butter** in einem Topf erhitzen und die Schalotte darin glasig anschwitzen. Mit dem **Riesling** ablöschen und auf die Hälfte einkochen lassen. Tomate, Estragon, **Currypaste** und **Sahne** zugeben und wieder leicht einkochen lassen. Die Sauce durch ein Haarsieb passieren und mit Meersalz, **Pfeffer** und **Zitronensaft** abschmecken. Das blanchierte Gemüse unterheben und die Sauce auf vier vorgewärmten Tellern anrichten. Die Soufflés aus den Förmchen lösen, daraufsetzen und mit **Schnittlauch** bestreut servieren. Und dazu? Natürlich ein Riesling von der Mosel.

MERLOT
2012
P. GAY

202

# Garnelen in Cognac flambiert und mit Reis serviert

*»Wenn ich diese Garnelen brate, habe ich immer reichlich Besuch in der Küche. Denn die feinen Spießchen schmecken mit einem Stück Baguette auch mal als Vorspeise oder Fingerfood.«*

**Für 4 Personen**
200 g Langkornreis
Meersalz
24 rohe Garnelen mit Schale
1 rote Paprikaschote
1 Bund Schnittlauch
Olivenöl zum Braten
1 großzügiger Schuss Cognac
Pfeffer
*Außerdem*
12 kurze Holzspieße

Den **Reis** nach Packungsangabe in kochendem **Salzwasser** bissfest garen.
In der Zwischenzeit die **Garnelen** schälen, am Rücken einritzen und die Darmfäden herausziehen. Kalt abspülen, trocken tupfen und je 2 Garnelen auf einen Holzspieß stecken. Die **Paprikaschote** waschen, vierteln und Samen und Trennwände entfernen. Die Viertel in sehr feine Streifen schneiden. Den **Schnittlauch** waschen, trocken schütteln und in Röllchen schneiden.
Etwas **Olivenöl** in einer großen Pfanne erhitzen. Die Spieße salzen und im heißen Öl 4–5 Minuten braten, dabei einmal wenden. Mit dem **Cognac** beträufeln und flambieren. Sobald die Flamme erlischt, die Paprikastreifen über die Garnelen streuen. Die Spieße grob mit **Pfeffer** übermahlen, auf vier vorgewärmten Tellern anrichten und mit der Sauce aus der Pfanne beträufeln. Den Reis auf vier Schalen verteilen, mit dem Schnittlauch bestreuen und zu den Garnelen servieren. Wunderbar dazu: badischer Weißburgunder.

Papa – ich will auch ein großer Wein werden wie du!
Dann musst du jetzt sechs Jahre liegen.
P. GAY

Voilà -
mein
Geburtshaus!
1000-mal
schöner als
der Stahltank,
in dem ich groß
geworden bin.
T. GAY

# Lauwarmer Hummer mit Champagner-Béarnaise

*»Hummer ist ein besonderer Gast in meiner Küche. Ich begegne ihm mit viel Sorgfalt – und mit einem Gläschen Champagner.«*

**Für 2 Personen**

*Hummer*

Schale von 1 Bio-Orange
60 g grobes Meersalz
20 g Fenchelkörner
2 lebende Hummer (à 600 g)

*Champagner-Béarnaise*

1 Schalotte
1–2 Zweige Estragon
2 EL Weißweinessig
100 ml Champagner, Crémant oder guter Sekt
100 g Butter
2 Eigelb
Meersalz, weißer Pfeffer
1 EL Kerbelblättchen

*Außerdem*

Schlagkessel

**LÉAS TRICK** Wenn Sie die Hummer nicht selbst kochen wollen, bestellen Sie bei Ihrem Fischhändler bereits gekochte Exemplare. Die wickeln Sie locker in Alufolie und erwärmen sie 10 Minuten im 150 °C heißen Backofen.

Für den Hummer die **Orangenschale** einige Sekunden in kochendem Wasser blanchieren, herausnehmen. In einem großen Topf 6 l Wasser mit **Meersalz**, **Fenchel** und der Orangenschale aufkochen. Die **Hummer** einzeln mit dem Kopf voran in den sprudelnd kochenden Sud gleiten lassen und 3 Minuten darin garen. Herausheben und mindestens 3 Minuten ruhen lassen.

Während die Hummer garen, für die Béarnaise die **Schalotte** schälen und in feine Würfel schneiden. Den **Estragon** waschen, trocken schütteln, 2 EL Blättchen abzupfen und fein schneiden. Schalotte, 1 EL Estragon, **Essig** und 50 ml **Champagner** in einem kleinen Topf aufkochen, bis die Flüssigkeit verdampft ist. Den restlichen Champagner dazugießen und bis auf 3 EL einkochen lassen. Die Reduktion durch ein Haarsieb passieren.

Die **Butter** in einem Topf schmelzen lassen und den Schaum abschöpfen. Die **Eigelbe** und die Reduktion in den Schlagkessel geben. In einem hohen Topf etwas Wasser erhitzen. Die Schüssel daraufsetzen und die Eigelbe mit dem Schneebesen schaumig aufschlagen. Nach und nach die geschmolzene Butter unterrühren, bis eine cremige Sauce entsteht. Die Sauce mit **Meersalz** und **Pfeffer** abschmecken, den restlichen Estragon und die **Kerbelblättchen** unterheben. Ist die Sauce etwas zu dick, noch einen Schuss Champagner einrühren.

Zum Servieren die Scheren, Gelenke und Schwänze der Hummer abtrennen. Die Schwänze durch seitliches Drücken anknacken, den Panzer dann von der Unterseite her aufbrechen und das Fleisch herauslösen. Die Scheren mit dem Messerrücken anschlagen und das Fleisch herausziehen. Schwänze und Scheren auf zwei vorgewärmten Tellern anrichten. Mit der Béarnaise und dem restlichen Champagner, Crémant oder Sekt servieren.

# Jakobsmuscheln auf gebratenem Gemüse mit Beurre blanc

*»Die schöne Schale der Jakobsmuschel ist das Wahrzeichen der Pilger auf dem Jakobsweg nach Santiago de Compostela. Mir persönlich ist das Innere der Muschel ja lieber, serviert mit einer edlen Weißwein-Butter-Sauce. So macht das Pilgern Spaß!«*

**Für 4 Personen**

*Jakobsmuscheln und Gemüse*

16 ausgelöste Jakobsmuscheln
1 Fenchelknolle
4 weiße Champignons
10 Kirschtomaten
1 gehäufter EL geklärte Butter (siehe Seite 166)
Meersalz
Piment d'Espelette

*Beurre blanc*

1 Schalotte
100 g kalte Butter
200 ml Champagner, Crémant oder guter Sekt
Meersalz

Die **Jakobsmuscheln** kalt abspülen, trocken tupfen und kühl stellen. Für das Gemüse die **Fenchelknolle** waschen, putzen, vierteln und in dünne Scheiben schneiden. Die **Champignons** feucht abwischen, putzen und ebenfalls in dünne Scheiben schneiden. Die **Kirschtomaten** waschen und vierteln.

Für die Beurre blanc die **Schalotte** schälen und in Scheiben schneiden. In einem kleinen Topf 1 EL **Butter** erhitzen und die Schalotte darin glasig anschwitzen. Mit dem **Champagner** ablöschen und etwa auf die Hälfte einkochen lassen. Die Sauce durch ein Haarsieb passieren und die restliche kalte Butter in Flöckchen mit dem Schneebesen unterschlagen. Die Sauce mit **Meersalz** abschmecken.

Während der Fond einkocht, die **geklärte Butter** in einer Pfanne erhitzen. Die Jakobsmuscheln **salzen** und von beiden Seiten je knapp 1 Minute anbraten. Herausnehmen und auf Küchenpapier abtropfen lassen. Fenchel und Champignons im Bratfett anbraten, dabei die Pfanne regelmäßig schwenken. Das Gemüse mit Meersalz und **Piment d'Espelette** würzen, die Tomaten zugeben und nochmals kurz durchschwenken.

Das Gemüse mit je 4 Jakobsmuscheln auf vier vorgewärmten Tellern anrichten. Mit Beurre blanc überziehen und mit knusprigem Baguette servieren. Und zu dieser edlen Muschel – keine Frage: Champagner, Crémant oder Sekt.

# Moules Frites (Miesmuscheln mit Pommes)

**Für 4 Personen**

*Pommes frites*

1 kg große mehligkochende Kartoffeln
Öl zum Frittieren
Meersalz

*Muscheln*

4 kg Miesmuscheln
4 Schalotten
1 Karotte
80 g Knollensellerie
1 Stange Lauch (nur der weiße Teil)
1 Knoblauchzehe mit Schale
½ Bund Thymian
2 EL Butter
½ l Weißwein (z. B. Riesling)
frisch gehackte Petersilie

*»Muscheln mit Pommes gelten ja als belgisches Nationalgericht. Aber sie haben auch in Luxemburg viele Liebhaber. Kein Wunder, mit den Händen gegessen ist diese Kombination ein deftiger Genuss.«*

Für die Pommes frites die **Kartoffeln** schälen und in Stifte (1 cm dick, 7 cm lang) schneiden. Die Stifte waschen, abtropfen lassen und mit einem Küchentuch gut trocknen. Reichlich **Öl** in einer Fritteuse oder einem großen Topf auf 160 °C erhitzen. Die Kartoffelstifte darin portionsweise in 6–7 Minuten weich und hell frittieren. Mit einer Schaumkelle herausheben und auf Küchenpapier abtropfen lassen.

Die **Miesmuscheln** gründlich in kaltem Wasser abbürsten und den Bart entfernen. Geöffnete Exemplare dabei aussortieren.

Die **Schalotten** schälen und in Scheiben schneiden. **Karotte** und **Sellerie** schälen, den **Lauch** waschen, dann alles in kleine Würfel schneiden. Den **Knoblauch** halbieren. Den **Thymian** waschen und trocken schütteln. Die **Butter** in einem großen Topf erhitzen und Schalotten und Gemüse darin glasig anschwitzen. Den Knoblauch und den Thymian zugeben. Mit dem **Weißwein** ablöschen und aufkochen lassen. Die Muscheln zugeben und abgedeckt etwa 5 Minuten garen, bis sie sich öffnen. Dabei zweimal umrühren, damit sie gleichmäßig garen. Mit einer Schaumkelle aus dem Topf heben und geschlossene Muscheln aussortieren.

Während die Muscheln garen, das Frittieröl wieder auf 180 °C erhitzen und die Kartoffeln darin nochmals 1–2 Minuten knusprig goldgelb frittieren. Herausheben, auf Küchenpapier abtropfen lassen und leicht **salzen**.

Die Muscheln mit dem Sud auf vier große vorgewärmte Schalen verteilen, mit **Petersilie** bestreuen und mit den Pommes frites servieren. Dazu schmeckt eine Flasche Bianco di Custoza.

Hättest du mich auch mit Drehverschluss geheiratet?
T. GAY

Merke: Der Wein muss trocken sein.

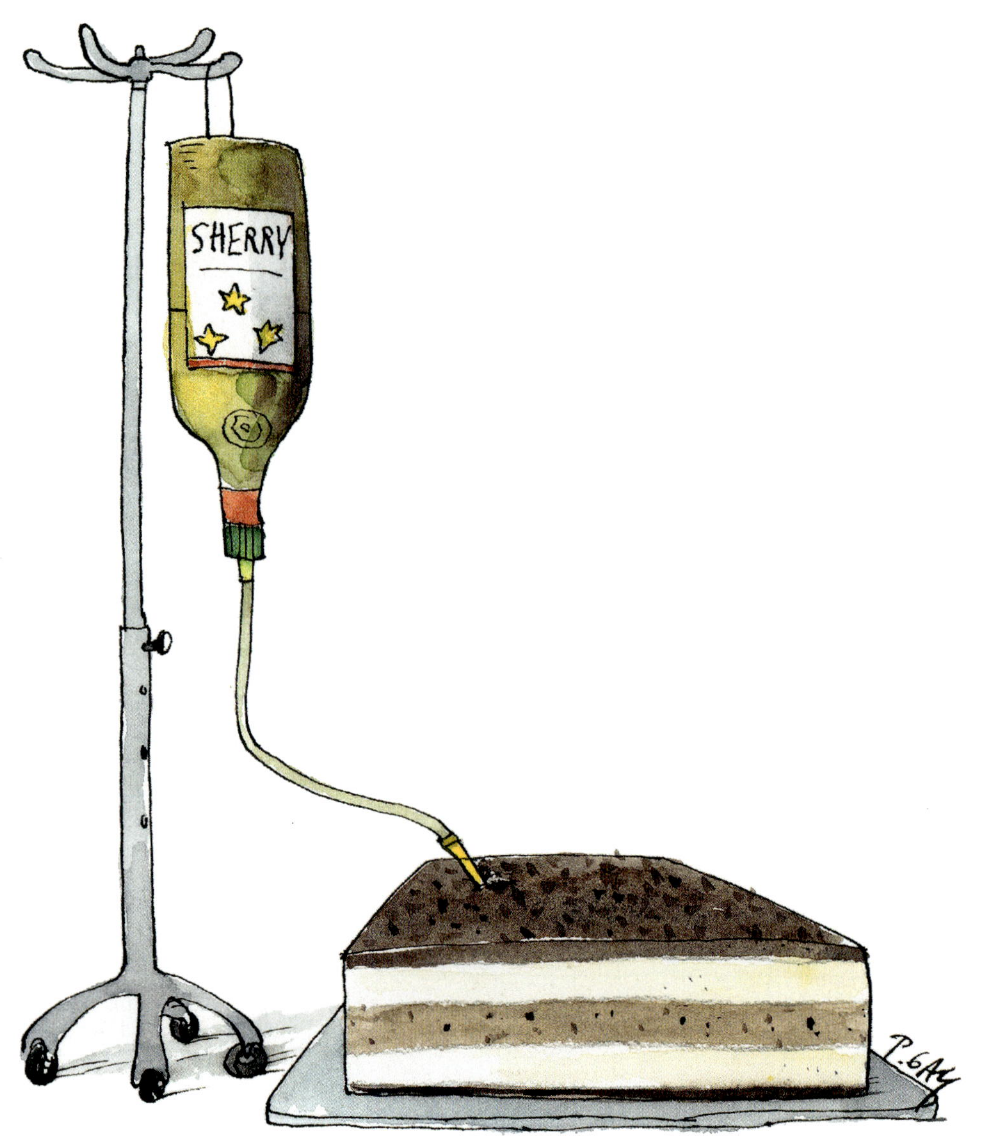


Wie ich einmal mein Tiramisu gerettet habe.

# DESSERT-WEIN

# Luftige Schampus-Zabaione

Rezepte auf der nächsten Doppelseite

# Grapefruit-Gratin mit Schampus-Zabaione

# Luftige Schampus-Zabaione

*»Meine Zabaione ist immer eine Sünde wert! Manchmal bereite ich sie auch mit einem guten Rotwein zu.«*

**Für 4 Personen**
3 Eigelb
2 EL Zucker
200 ml Champagner, Crémant oder guter Sekt
2–3 EL geschlagene Sahne
*Außerdem*
Schlagkessel

**Eigelbe**, **Zucker** und **Champagner** im Schlagkessel mit dem Schneebesen verquirlen. In einem hohen Topf etwas Wasser erhitzen, bis es dampft. Die Schüssel daraufsetzen, ohne dass der Schüsselboden das Wasser berührt. Die Schüssel sollte nur im Dampf hängt. Die Eigelbmasse über dem heißen Wasserbad zu einer luftigen Creme aufschlagen und dabei die Temperatur regelmäßig prüfen (siehe Seite 135). Die Zabaione vom Wasserbad nehmen, noch kurz weiterschlagen und abkühlen lassen.
Die **Schlagsahne** unterheben, die Zabaione in vier Dessertschalen anrichten und servieren. Zu dieser Köstlichkeit? Ein Glas Champagner, Crémant oder Sekt und ein kurzer Espresso.

# Grapefruit-Gratin mit Schampus-Zabaione

*»Mit frischer Grapefruit und meinem Backofen verwandle ich die Zabaione in ein zauberhaftes Dessert.«*

**Für 4 Personen**

*Zabaione*

3 Eigelb

2 EL Zucker

200 ml Champagner, Crémant oder guter Sekt

2–3 EL geschlagene Sahne

*Grapefruit-Gratin*

120 g Biskuitboden (fertig gekauft)

4 Grapefruits

2 EL Zucker

*Außerdem*

Schlagkessel

4 Gratinschalen

Puderzucker zum Bestäuben

Die Zabaione mit den angegebenen **Zutaten** wie auf Seite 134 beschrieben zubereiten. Während die Zabaione abkühlt, für die Gratins den **Biskuit** zerkrümeln und in den Gratinschalen verteilen. Die **Grapefruits** mit einem scharfen Messer dick schälen, dabei die weiße Innenhaut vollständig entfernen und den austretenden Saft auffangen. Die Grapefruitfilets zwischen den Trennhäutchen herausschneiden und fächerförmig auf den Biskuit legen. Den Rest der Grapefruits von Hand auspressen. Den Grapefruitsaft mit dem **Zucker** verrühren und über die Filets träufeln.

Den Backofengrill vorheizen. Die **Schlagsahne** unter die Zabaione heben und die Grapefruitfilets damit überziehen. Mit etwas **Puderzucker** bestäuben und unter dem heißen Grill 2–3 Minuten goldgelb gratinieren. Sofort servieren. Dazu schmeckt ein kühler Rosé.

**LÉAS TRICK** **Zabaione gelingt am besten, wenn man sie über dem heißen Wasserbad schlägt. Besonders wichtig: Die Eigelbmasse darf beim Aufschlagen auf keinen Fall zu heiß werden oder gar kochen, sonst gerinnt die Creme. Also prüfe ich die Temperatur regelmäßig mit dem Finger und reguliere meinen Herd bei Bedarf.**

# Marsala-Feigen mit Rotweingranité und Vanillesahne

*»Der Duft beim Karamellisieren der Feigen zieht alle magisch an meinen Herd … Wenn ich jetzt nicht aufpasse, bleibt nichts mehr zum Servieren übrig!«*

**Für 4 Personen**

*Granité*

½ Bio-Orange
150 g Zucker
½ l Rotwein

*Feigen*

6 saftige reife Feigen
1 EL Butter
2 EL Zucker
100 ml Marsala
1–2 EL milder Balsamicoessig
2 EL Orangensaft

*Vanillesahne*

100 g kalte Sahne
2 EL Crème fraîche oder saure Sahne
Mark von ½ Vanilleschote
Ahornsirup

Für das Granité am Vortag die **Orange** heiß abwaschen, abtrocknen und die Schale fein abreiben. Den **Zucker** mit ¼ l Wasser in einem Topf aufkochen. Die Orangenschale zugeben und kurz mitköcheln lassen. Den Sirup vom Herd nehmen, den **Rotwein** einrühren und abkühlen lassen. Die Mischung in eine flache Schale gießen und über Nacht im Tiefkühlgerät durchfrieren lassen.

Für die Feigen die **Früchte** waschen und halbieren. Die **Butter** in einer Pfanne erhitzen und 1 EL **Zucker** hineinstreuen. Die Hälften mit der Schnittfläche nach unten in die Pfanne legen, mit dem restlichen Zucker bestreuen und von beiden Seiten karamellisieren lassen. Die Feigen mit **Marsala** und **Essig** ablöschen, dann vorsichtig aus der Pfanne heben und auf einen Teller legen. Die Sauce 1 Minute einkochen lassen, mit dem **Orangensaft** abschmecken und über die Feigen träufeln. Bei Zimmertemperatur abkühlen lassen.

Inzwischen für die Vanillesahne die **Sahne** steif schlagen. Die **Crème fraîche** und das **Vanillemark** unterziehen und mit **Ahornsirup** nach Geschmack süßen.

Zum Servieren vom Granité mit einer stabilen Gabel nach und nach feine Kristalle abschaben. Das Granité auf vier eisgekühlte Schalen verteilen. Die Marsala-Feigen auf vier Tellern anrichten, jeweils 1 Nocke Vanillesahne danebensetzen und sofort servieren. Wunderbar dazu: roter Dessertwein, am liebsten ein Mas Amiel.

Sorry, ich ess ja prinzipiell nichts Süßes, aber *das* muss ich unbedingt mal probieren.

P. GAY

Merk dir eins: Jede Frau ist anders.
Aber sie trinken alle Aperol Spritz.
P. GAY

# Tirami-Léa mit Sherry-Kirschen

**Für 6 Personen**

*Sherry-Kirschen*

100 g Sauerkirschen (frisch oder tiefgekühlt)

100 g Zucker

75 ml Sherry Manzanilla

*Mascarponecreme*

3 sehr frische Eier

4 EL Zucker

250 g Mascarpone

2 EL Sahnejoghurt (10 % Fett)

2 EL Sahne

*Zum Schichten*

100 g Löffelbiskuits

*Außerdem*

6 Dessertschalen

Spritzbeutel mit Lochtülle (10 mm Ø)

*»Mit trockenem Manzanilla und säuerlichen Kirschen bekommt der Italo-Klassiker eine ganz neue Note. Sie können den Sherry aber auch gegen Marsala tauschen, der wird in der italienischen Küche immer gerne mit Kirschen kombiniert.«*

Die **Sauerkirschen** waschen, entstielen und entsteinen (tiefgekühlte Früchte auftauen lassen). Den **Zucker** mit 100 ml Wasser aufkochen. Den heißen Sirup über die Kirschen gießen und bis zur Verwendung ziehen lassen.

Für die Mascarponecreme die **Eier** trennen und die Eigelbe mit 2 EL **Zucker** mit dem Schneebesen hell und dickschaumig aufschlagen. In einer zweiten Schüssel **Mascarpone**, **Joghurt** und **Sahne** mit dem Schneebesen oder Handrührgerät cremig rühren. Die Mascarponecreme unter die Eigelbmasse ziehen. Die Eiweiße sehr steif schlagen, dabei den restlichen Zucker einrieseln lassen. Den Eischnee ebenfalls behutsam unter die Eigelbmasse heben.

Die Kirschen in ein Sieb abgießen, dabei den Sirup auffangen und 50 ml davon abmessen. Diesen mit dem **Sherry** verrühren.

Die **Löffelbiskuits** halbieren und leicht mit dem Sherrysirup tränken. Die Hälfte der Biskuits in die Dessertschalen schichten und die Hälfte der Mascarponecreme mit dem Spritzbeutel daraufgeben. Die restlichen Biskuits und die abgetropften Kirschen darauf verteilen. Die restliche Mascarponecreme dekorativ aufspritzen und das Tiramisu servieren. Und dazu gibt's einen Espresso ristretto und ein Schlückchen Portwein.

# Spritziges Zitronensorbet mit Champagner

*»Erfrischend und sehr schick! Mit diesem eleganten Sorbet krönen Sie jedes Menü – und beeindrucken Ihre Gäste.«*

**Für 4 Personen**

*Zitronensorbet*

150 g Zucker

40 g Glukosesirup (aus dem Fachhandel)

350 ml gekühlter Zitronensaft

eisgekühlter Champagner, Crémant oder guter Sekt zum Aufgießen

*Zitruszesten*

1 Bio-Zitrone

1 Bio-Limette

2 EL Zucker

*Außerdem*

Eismaschine

4 eisgekühlte Wein- oder Martinigläser

Für das Sorbet **Zucker**, **Glukosesirup** und 350 ml Wasser in einem Topf erhitzen, jedoch nicht kochen lassen. Den Zuckersirup vom Herd nehmen und auf einem Eiswasserbad (siehe Trick) oder im Tiefkühlgerät vollständig abkühlen lassen. Danach den **Zitronensaft** unterrühren, die Mischung in die Eismaschine füllen und in 30–60 Minuten cremig fest frieren lassen.

Während das Sorbet friert, für die Zitruszesten die **Zitrone** und die **Limette** heiß abwaschen und abtrocknen. Die Schale dünn abschälen (ohne die weiße Innenhaut) und in sehr feine Streifen schneiden. Die Streifen in kochendem Wasser einige Sekunden blanchieren, eiskalt abschrecken und abtropfen lassen. Den **Zucker** mit 100 ml Wasser aufkochen. Die Zesten zugeben und 10 Minuten im Sirup köcheln lassen. Dann abkühlen lassen.

Das Sorbet aus der Eismaschine schaben, in die Gläser füllen und mit den Zitruszesten dekorieren. Das Sorbet mit **Champagner** aufgießen und sofort servieren.

**LÉAS TRICK** Für das Eiswasserbad füllen Sie eine große Schüssel zur Hälfte mit Eiswürfeln, geben 1 Handvoll grobes Salz dazu und füllen mit kaltem Wasser auf, bis die Eiswürfel gerade schwimmen.

# Nugat-Halbgefrorenes mit Krokant und Vin Santo

**Für 6 Personen**

*Nugat-Halbgefrorenes*

150 g kandierte und getrocknete Früchte (Orangeat, Zitronat, Belegkirschen, Rosinen)
300 ml Vin Santo
100 g Zucker
3 Tropfen Zitronensaft
80 g Mandelblättchen
350 g kalte Sahne
3 Eiweiß
180 g Puderzucker
50 g gehackte Pistazien
gebrannte Mandeln (nach Belieben)

*Karamellsauce*

2 EL Zucker
1 Schuss Vin Santo

*Außerdem*

Öl zum Arbeiten
Silikonbackform mit 12 rechteckigen Mulden (à etwa 8 x 3 cm)

Für das Halbgefrorene die **Früchte** in kleine Würfel schneiden, mit **Vin Santo** übergießen und über Nacht marinieren lassen.
Ein Backblech mit einem Bogen Alufolie belegen und mit **Öl** bestreichen. **Zucker**, **Zitronensaft** und 50 ml Wasser in einem Topf erhitzen und goldgelb karamellisieren lassen. Die **Mandeln** unterrühren und die Karamellmasse sofort auf dem Blech verstreichen. Dann abkühlen lassen. Den Mandelkaramell in Stücke brechen und im Blitzhacker zu groben Bröseln zerkleinern.
Die **Sahne** steif schlagen und kühl stellen. Die **Eiweiße** mit 2 EL **Puderzucker** in der Küchenmaschine oder mit dem Handrührgerät zuerst auf niedriger Stufe verquirlen. Dann auf mittlerer Stufe weiterschlagen und dabei den restlichen Puderzucker esslöffelweise zugeben. Die Baisermasse zuletzt kurz auf höchster Stufe schlagen, bis sie sehr steif ist. Nacheinander die Schlagsahne, den Mandelkaramell und die marinierten Früchte unterheben. Die Masse in die Mulden der Form füllen und mindestens 5 Stunden, besser über Nacht, im Tiefkühlgerät fest werden lassen.
Die **Pistazien** auf einen Teller streuen. Das Halbgefrorene aus den Formmulden lösen, mit einer Seite in die Pistazien drücken und je 2 Stücke auf sechs Tellern anrichten.
Für die Karamellsauce den **Zucker** in einem kleinen Topf schmelzen lassen. Mit **Vin Santo** ablöschen, durchschwenken und rund um das Halbgefrorene träufeln. Nach Belieben mit **gebrannten Mandeln** dekorieren und sofort servieren, am besten mit einem Gläschen Vin Santo.

**LÉAS TRICK** Wenn Sie keine Silikonform im Schrank haben oder wenn noch etwas Parfaitmasse übrig bleibt, verwenden Sie einfach eine mit Frischhaltefolie ausgelegte Kastenform. Das Halbgefrorene dann zum Servieren in Scheiben schneiden. Und wenn bei Ihnen gerade Kirchweih, Jahrmarkt oder Volksfest ist, kaufen Sie 150 g gebrannte Mandeln, damit sparen Sie sich die Zubereitung des Mandelkaramells.

Noch'n Stück?
Um Gottes willen… Ich muss noch fahren!

Also... bevor ich
Ihnen die Papiere
zeige, muss ich Ihnen
erzählen, was ich
gegessen habe...
K-KO-08
P. GAY

# Brioche-Törtchen mit Schwips

**Für 4 Personen**

*Sirup*

1 Bio-Zitrone

1 Bio-Orange

2 Vanilleschoten

80 g Zucker

2 EL Sherry Amontillado

*Sahnenocken*

250 g kalte Sahne

1 gehäufter EL Zucker

Mark von ½ Vanilleschote

*Brioche-Törtchen*

4 Scheiben Brioche (siehe Seite 167)

Amontillado Sherry zum Beträufeln

*Außerdem*

runde Ausstechform (7–8 cm Ø)

Für den Sirup die **Zitrone** und die **Orange** heiß abwaschen, abtrocknen und die Schale dünn abschälen (ohne die weiße Innenhaut). Die **Vanilleschoten** längs halbieren. Zitrusschalen, Vanilleschoten, **Zucker** und **Sherry** mit 200 ml Wasser in einem Topf aufkochen lassen. Den Sirup vom Herd nehmen und in etwa 10 Minuten auf 40 °C abkühlen lassen. Danach die Vanilleschoten und Zitrusschalen aus dem Sirup nehmen, die Zitrusschalen in feine Streifen schneiden.

Während der Sirup abkühlt, für die Sahnenocken die **Sahne** mit **Zucker** und **Vanillemark** steif schlagen.

Für die Törtchen aus den **Brioche-Scheiben** 4 Kreise ausstechen und im Sirup tränken. Auf vier Teller legen, mit etwas **Sherry** beträufeln und jeweils 1 Sahnenocke daraufsetzen. Die Törtchen mit den Vanilleschoten und den Zitruszesten dekorieren, etwas Sherrysirup rundum träufeln und sofort servieren. Und dazu? Ausnahmsweise mal keinen Wein, sondern eine Tasse Verbenentee.

*»Ist die Brioche gebacken, stehen die feinen Törtchen im Handumdrehen auf dem Tisch.«*

# Apfeltarte mit viel Calvados

**Für 12 Stücke**

*Teig*

250 g Mehl
60 g Puderzucker
125 g kalte Butter
1 Ei

*Belag und Guss*

4 Äpfel
1 EL Butter
4 EL Zucker
2 EL Calvados
2 Eier
250 g Sahne

*Außerdem*

Tarte- oder Springform (26 cm Ø)
Butter für die Form
Mehl zum Arbeiten
Puderzucker zum Bestäuben

Für den Teig **Mehl**, **Puderzucker**, **Butter**, **Ei** und 2–3 EL kaltes Wasser rasch zu einem glatten Teig verkneten. Den Teig zu einem Kreis formen, in Frischhaltefolie wickeln und 30 Minuten kühlen. Während der Teig kühlt, für den Belag die **Äpfel** schälen, in Achtel schneiden und entkernen. Die **Butter** in einer Pfanne schmelzen lassen. Die Äpfel hineinlegen, mit 2 EL **Zucker** bestreuen und karamellisieren lassen. Die Äpfel dann mit dem **Calvados** beträufeln und flambieren.

Den Backofen auf 180 °C (Umluft 160 °C) vorheizen. Die Form mit **Butter** einfetten. Den Teig auf der **bemehlten** Arbeitsfläche rund ausrollen und in die Form legen. Die Äpfel kreisförmig darauflegen. **Eier**, **Sahne** und den restlichen Zucker zu einem Guss verquirlen und über die Äpfel gießen. Die Apfeltarte im heißen Ofen (Mitte) 40–45 Minuten backen. Leicht abgekühlt aus der Form lösen. Die Tarte mit **Puderzucker** bestäuben und in Stücke schneiden. Mit einem Glas Riesling Spätlese oder einem Cidre aus der Normandie servieren.

*»Es muss nicht immer Wein aus Trauben sein, auch ein Schlückchen Apfelbranntwein ist mir stets willkommen – zum Beispiel für diese umwerfende Tarte.«*

# Léas Zaubertrank

*»Es geht nichts über Altbewährtes! Von meiner Oma habe ich das Rezept für diesen Stärkungstrunk – für Tage, an denen gar nichts mehr geht.«*

**Für 1 Glas**
2 sehr frische Eigelb
2 EL Zucker
200 ml guter Rotwein

Die **Eigelbe** und den **Zucker** in einer Rührschüssel mit dem Schneebesen und einem lockeren Handgelenk hell und dickschaumig aufschlagen. Den **Rotwein** unterschlagen, den Zaubertrank in ein Glas füllen und genießen.

**LÉAS TRICK** Rotwein mit Ei ist ein klassisches Mittel gegen Schwächezustände. Diese Mixtur gibt dem Körper ruck, zuck neue Kraft. Glauben Sie nicht? Ausprobieren!

Sagen Sie mal.
Der Roquefort,
wie verträgt der
sich eigentlich
mit dem 91er
Sancerre?
Das dürfte keine
Probleme geben.
Die kommen ja
beide aus Frankreich.
T. GAY

Gehören Sie zusammen?
Gelegentlich!
Bio-Land
P. GAY

# STANDARDS NICHT NUR FÜR DIE WEINKÜCHE

# Hühnerbrühe

*»Diese Brühe brauche ich für viele Gerichte. Sie schmeckt mir aber auch mal zwischendurch als klares Süppchen.«*

**Für etwa 3 l**

1 küchenfertiges Suppenhuhn
1 Handvoll Meersalz
1 Karotte
½ Knollensellerie
1 Stange Lauch
3 kleine weiße Champignons
1 Tomate
1 Gemüsezwiebel
2 Gewürznelken
1 Bouquet garni (Kräutersträußchen aus Petersilienstängel, Lorbeerblatt und Thymian, in 1 Lauchblatt gewickelt)
½ TL weiße Pfefferkörner

*Außerdem*

Passier- oder Mulltuch

Das **Suppenhuhn** kalt abspülen, restliche Federchen entfernen und mit Küchenpapier trocken tupfen. Das Huhn dann in einen großen Topf legen und 4 l Wasser dazugießen. Das **Meersalz** zugeben und alles aufkochen lassen. Dabei an die Oberfläche steigenden Schaum regelmäßig abschöpfen, damit der Fond schön klar bleibt.

Während das Wasser aufkocht, **Karotte** und **Sellerie** schälen und in Stücke schneiden. Den **Lauch** putzen, sorgfältig waschen und in Ringe schneiden. Die **Champignons** feucht abwischen und putzen. Die **Tomate** waschen, vierteln und den Stielansatz entfernen. Die **Zwiebel** schälen, halbieren und jede Hälfte mit 1 **Gewürznelke** spicken. Gemüse, Champignons, Tomate, gespickte Zwiebel, **Bouquet garni** und **Pfefferkörner** zur Brühe geben. Die Hitze reduzieren und die Brühe etwa 3 Stunden köcheln lassen, bis das Huhn weich ist. Dabei regelmäßig prüfen, ob das Huhn noch mit Flüssigkeit bedeckt ist, und bei Bedarf etwas Wasser nachgießen.

Danach das gekochte Huhn herausnehmen und anderweitig verwenden. Ein Haarsieb mit dem Passiertuch auslegen und die Brühe durch das Sieb abgießen. Die Brühe je nach Rezept verwenden oder für den Vorrat portionsweise tiefkühlen.

# Klare Rinderbrühe

*»Auch Brühe auf der Basis von gutem Rindfleisch ist mir ein willkommener Küchenhelfer.«*

**Für etwa 2 l**

800 g Rinderbrust
15 g Meersalz
2 mittelgroße Zwiebeln
2 Gewürznelken
1 Tomate
3 mittelgroße Karotten
2 Stangen Lauch (nur der weiße Teil)
8 Stangen Staudensellerie
4 Knoblauchzehen mit Schale
1 Bouquet garni (Kräutersträußchen aus Petersilienstängel, Lorbeerblatt und Thymian, in 1 Lauchblatt gewickelt)
1 TL schwarze Pfefferkörner

*Außerdem*

Passier- oder Mulltuch

Die **Rinderbrust** kalt abspülen, trocken tupfen und in einen großen Topf legen. Etwa 3 l Wasser dazugießen, bis das Fleisch gut bedeckt ist. **Meersalz** (5 g pro Liter) zugeben und alles aufkochen lassen. Dabei an die Oberflache steigenden Schaum regelmäßig abschöpfen, damit der Fond schön klar bleibt.

Während das Wasser aufkocht, 1 **Zwiebel** mit Schale halbieren und die Schnittflächen in einer Pfanne ohne Fett dunkel rösten. Die zweite Zwiebel schälen, halbieren und mit den **Gewürznelken** spicken. Die **Tomate** waschen, vierteln und den Stielansatz entfernen. Die **Karotten** schälen und in Scheiben schneiden. Den **Lauch** putzen, sorgfältig waschen und in Ringe schneiden. Den **Sellerie** putzen und ebenfalls in Stücke schneiden. Geröstete und gespickte Zwiebel, Tomate, Karotte, Lauch, Sellerie, **Knoblauch**, **Bouquet garni** und **Pfefferkörner** zum Fleisch geben. Die Brühe bei schwacher Hitze 3–4 Stunden sanft köcheln lassen, bis das Fleisch weich ist. Dabei regelmäßig prüfen, ob das Fleisch noch mit Flüssigkeit bedeckt ist. Bei Bedarf etwas Wasser nachgießen.

Danach das Fleisch aus der Brühe nehmen und anderweitig verwenden. Ein Haarsieb mit dem Passiertuch auslegen und die Brühe durch das Sieb abgießen. Die Brühe abkühlen lassen und je nach Rezept verwenden (z. B. für die Consommé Seite 20) oder für den Vorrat portionsweise tiefkühlen.

**LÉAS TRICK** Die Rinderbrühe stelle ich vor Gebrauch über Nacht in den Kühlschrank und entferne am nächsten Morgen das erkaltete Fett. So ist sie bekömmlicher.

# Fond de Jacqueline mit Champagner

*»Der Fond hat mich schon oft gerettet, wenn eine Sauce mal misslungen war. Ich habe immer eine Portion davon im Haus.«*

**Für etwa 600 ml**
150 g Knollensellerie
150 g Karotten
1 große Zwiebel
1 Stange Lauch (nur der weiße Teil)
1 Fenchelknolle
100 g kleine weiße Champignons
2 Knoblauchzehen
1 EL Butter
¾ l Champagner, Crémant oder guter Sekt
2 l Hühnerbrühe (siehe Seite 158)
1 Stängel Petersilie
1 kleines Bund Thymian
1 kleines Lorbeerblatt

**Sellerie**, **Karotten** und **Zwiebel** schälen. **Lauch** und **Fenchel** putzen und waschen, die **Champignons** feucht abwischen und putzen. Die Gemüse in kleine Stücke schneiden. Den **Knoblauch** schälen und halbieren.

Die **Butter** in einem großen Topf erhitzen und die Gemüse und den Knoblauch darin in etwa 10 Minuten glasig dünsten. Mit dem **Champagner** ablöschen und auf die Hälfte einkochen lassen. Die **Hühnerbrühe** dazugießen. **Petersilie**, **Thymian** und **Lorbeerblatt** waschen, trocken schütteln und ebenfalls zugeben. Wieder aufkochen und den Fond bei schwacher Hitze 1 ½ Stunden köcheln lassen. Dabei regelmäßig prüfen, ob das Gemüse noch mit Flüssigkeit bedeckt ist, und bei Bedarf etwas Hühnerbrühe oder Wasser nachgießen.

Den Fond vom Herd nehmen und etwa 20 Minuten abkühlen lassen, bis sich das Fett absetzt. Das Fett abschöpfen und den Fond durch ein Haarsieb abgießen. Den Fond sofort je nach Rezept (z. B. für die Seezunge Seite 99) verwenden oder für den Vorrat portionsweise tiefkühlen.

**LÉAS TRICK** **Frisch gekocht oder aus dem Vorrat – dieser Fond ist eine feine Grundlage für Saucen zu Fisch, Gemüse, Kalbfleisch und Geflügel.**

# Rotweinsauce zu rotem Fleisch

*»Ob Rind, Lamm oder Wild, diese kräftige Sauce ist der perfekte Begleiter zu rotem Fleisch.«*

**Für etwa 200 ml**

1 Bund Thymian
¾ l kräftiger Rotwein (am besten Burgunder)
1 Lorbeerblatt
2 Gewürznelken
8 schwarze Pfefferkörner
8 Wacholderbeeren
1 Schalotte
30 g Butter
1 TL Zucker
50 ml Balsamicoessig
Meersalz, Pfeffer

Den **Thymian** waschen und trocken schütteln. Den **Rotwein** mit Thymian, **Lorbeerblatt**, **Gewürznelken**, **Pfefferkörnern** und **Wacholderbeeren** in einem Topf mischen. Dann aufkochen und auf 200 ml einkochen lassen. Die Rotweinreduktion durch ein Haarsieb passieren.

Während der Wein kocht, die **Schalotte** schälen und in kleine Würfel schneiden. 20 g **Butter** kühl stellen, die restliche Butter in einem kleinen Topf erhitzen. Die Schalotte mit dem **Zucker** darin anschwitzen, bis sie goldbraun karamellisiert ist. Mit dem **Essig** ablöschen und sirupartig einkochen lassen. Die Rotweinreduktion dazugießen und die Saucenbasis beiseitestellen.

Das Fleisch je nach Rezept braten. Die Saucenbasis wieder erwärmen, den beim Braten ausgetretenen Fleischsaft einrühren und die Sauce nochmals durch ein Haarsieb passieren. Die Sauce mit der kalten Butter in Flöckchen montieren (siehe Trick) und mit **Meersalz** und **Pfeffer** abschmecken. Zum Fleisch servieren

**LÉAS TRICK** Die Sauce wird zuletzt mit kalter Butter montiert. Dafür teile ich die Butter in Flöckchen und lasse sie unter sanftem Rühren in der Sauce schmelzen. Auf keinen Fall dürfen Sie dabei zu stark rühren, sonst vergeht die glasige Konsistenz der Sauce.

Ist das auch wirklich Bio? Das ist uns nämlich total wichtig!!

Aus unserem Spencer ist mittlerweile ein richtiger Trüffelhund geworden.

Morgens Trüffel
Mittags Trüffel
Abends…

P. GAY

# Kartoffelrösti

**Für 4 Personen**
4 große Kartoffeln
Meersalz, Pfeffer
Öl zum Braten

Die **Kartoffeln** schälen, waschen und grob raspeln. Die Raspel mit den Händen gut ausdrücken und leicht mit **Meersalz** und **Pfeffer** würzen. Den Backofen auf 100 °C (Umluft) vorheizen.
Etwas **Öl** in der Pfanne erhitzen, ein Viertel der Kartoffelraspel hineingeben und flach drücken. Die Rösti von einer Seite knusprig goldgelb braten. Dann wenden, wieder etwas Öl zugeben und von der zweiten Seite ebenfalls knusprig braten. Die Rösti aus der Pfanne nehmen, auf Küchenpapier abtropfen lassen und im Backofen warm stellen. Mit dem restlichen Teig wiederholen.

# Hausgemachte Linguine

*»Selbst gemachte Nudeln sind eine wunderbare Beilage zu vielen Gerichten. Am besten hat man immer welche im Gefrierschrank.«*

**Für etwa 700 g**

500 g fein gemahlener Hartweizengrieß (Semola di grano duro)
4–5 Eier (je nach Größe)

*Außerdem*

Mehl zum Arbeiten
Nudelmaschine mit Linguine-Aufsatz

Den **Hartweizengrieß** und 4 **Eier** in der Küchenmaschine mit Knetaufsatz zu einem relativ festen Teig verkneten. Falls der Teig zu trocken ist, noch 1 Eigelb oder 1 ganzes Ei zugeben. Den Teig zu einer Kugel formen, in Frischhaltefolie wickeln und mindestens 1 Stunde, besser über Nacht, im Kühlschrank ruhen lassen.

Danach den Teig in 3–4 Portionen teilen und diese auf der leicht **bemehlten** Arbeitsfläche mit dem Nudelholz etwas flach rollen. Die Portionen dann mit der Nudelmaschine zu dünnen Teigbahnen ausrollen. Die Teigbahnen mit dem Linguine-Aufsatz in schmale Bandnudeln schneiden. Die fertigen Nudeln leicht mit Mehl bestäuben, damit sie nicht aneinanderkleben, und auf ein bemehltes Tablett oder Blech legen. In reichlich kochendem Salzwasser bissfest garen und je nach Rezept (z. B. zur Seezunge Seite 99) servieren.

**LÉAS TRICK** »Semola di grano duro« bekommen Sie in italienischen Feinkostläden und manchmal auch im Feinkostregal gut sortierter Supermärkte. Wenn ich die Nudeln nicht sofort kochen will, decke ich sie einfach auf dem Tablett mit Frischhaltefolie ab. So bleiben sie im Kühlschrank bis zu 2 Tage frisch. Oder ich friere sie ein: Tiefgekühlt sind sie bis zu 1 Monat haltbar.

# Geklärte Butter

*»Fleisch brate ich eigentlich immer in geklärter Butter. Sie lässt sich höher erhitzen und spritzt nicht beim Braten.«*

**Für 250 g**
250 g Butter

Die **Butter** in einem Topf bei schwacher Hitze schmelzen lassen. Den an der Oberfläche abgesetzten weißen Schaum mit einem Löffel abnehmen, bis die Butter klar ist. Das Butterfett dann abkühlen und fest werden lassen.
Das Butterfett aus dem Topf lösen, kalt abspülen und mit Küchenpapier trocken tupfen. Die geklärte Butter nochmals erwärmen, bis sie flüssig wird, und zum Aufbewahren in eine luftdicht schließende Dose füllen. Im Kühlschrank ist sie mehrere Wochen lang haltbar.

# Klassische Brioche

**Für 2 Brioches**
500 g Weizenmehl (Type 405)
½ Würfel frische Hefe (20 g)
10 g Salz
60 g Zucker
6 Eier (Größe M)
250 g Butter
*Eistreich*
1 Ei
1 Eigelb
*Außerdem*
2 Kastenformen (25 cm lang)
Butter für die Formen

Das **Mehl** in die Schüssel der Küchenmaschine oder in eine Rührschüssel sieben. Die **Hefe** dazubröseln und nacheinander **Salz** und **Zucker** zugeben. Die **Eier** mit 50 ml Wasser verquirlen und dazugießen. Alles mit dem Knetaufsatz auf mittlerer Stufe oder mit den Knethaken des Handrührgeräts in 10–12 Minuten verkneten, bis der Teig geschmeidig ist und sich vom Schüsselboden löst. Inzwischen die **Butter** zwischen Backpapier mit einem Nudelholz weich klopfen. Die Butter in Flöckchen zum Teig geben und jeweils rasch unterkneten. Der fertige Teig soll elastisch und glänzend sein. Den Teig mit Frischhaltefolie abdecken und im Kühlschrank über Nacht ruhen lassen.
Am nächsten Tag die Kastenformen mit **Butter** einfetten. Den Teig zusammenschlagen, in zwei Portionen teilen und zu 25 cm langen Rollen formen. Die Rollen in die Formen legen, mit einem Küchentuch abdecken und an einem warmen Ort 2–3 Stunden gehen lassen, bis der Teig sein Volumen verdoppelt hat.
Den Backofen auf 200 °C (Umluft 180 °C) vorheizen. Für den Eistreich **Ei** und **Eigelb** verquirlen. Die Brioches damit bestreichen und im Backofen 20 Minuten backen. Danach die Ofentemperatur auf 180 °C herunterschalten und die Brioches in 20 Minuten fertig backen. Aus dem Ofen nehmen, auf ein Kuchengitter stürzen und auskühlen lassen. Die Brioches je nach Rezept verwenden (z. B. für die Brioche-Törtchen Seite 149) oder pur genießen. Gut verpackt hält sich Brioche bis zu 5 Tage, tiefgekühlt bis zu 2 Monate.

# REZEPTVERZEICHNIS


**Gruß aus der Weinküche**

Elegante Kartoffelsuppe mit Schampus und Sahnehäubchen **15**
Samtige Zwiebelsuppe mit Riesling **16**
Kräftiger Linseneintopf mit Rotwein und Speck **18**
Rinderconsommé mit Steinpilzen und altem Sherry **21**
Champagner-Austern, in der Schale gratiniert **24**
Schinkenmousse mit Cognac und rotem Port **27**
Geflügelsülze in Weißwein-Portwein-Gelee **30**
Léas Hühnerleberterrine mit Schuss **33**

**Beilagen für alle Weinlagen**

Spargel-Schinken-Röllchen mit Champagner-Mousseline **37**
Zweierlei Spargel mit beschwipsten Sherry-Morcheln **38**
Herbst-Risotto mit wilden Pilzen und Weißwein **44**
Frühlings-Risotto mit grünem Spargel und Champagner **45**
Artischockengemüse, in Weißwein geschmort **48**
Rote-Bete-Püree mit rotem Portwein **53**

**Tierisches Weinvergnügen**

Gebratenes Rinderfilet mit frittierten Zwiebeln und Rotweinsauce **57**
Kalbssteaks mit Marsala und rotem Zwiebelconfit **58**
Choucroute garnie (Schwein liebt Wein) **61**
Saftiger Schweinebraten mit Mirabellen und süßem Wein **64**
Lammkoteletts mit Rotwein-Kräuter-Butter **67**
Luxemburger Poularde in Rieslingsauce **68**
Ente mit pikanter Glühweinsauce **72**
Kaninchen in Strohwein **77**
Hirsch bourguignon mit Blattschuss und Burgunder **82**
Zartes Rehfilet mit Winterfrüchten und Schokoladen-Rotwein-Sauce **87**

**Meer Wein!**

Fisch de luxe mit Tomate und Champagner **91**
Heiliger Petrus mit Zucchininudeln und Kardamom-Schampus-Sauce **92**
Sanft gebratener Kabeljau mit Muscheln in Weißwein-Safran-Sauce **96**
Seezunge mit Schampus-Krabben und Lauch-Linguine **99**
Forelle blau, mit Zitronenmayonnaise kalt serviert **102**
Bachsaibling im Weinbad auf Quinoa **107**
Zander im Sektteig gebacken mit Kräutermayonnaise **110**
Hechtsoufflés mit Rieslingsauce **115**
Garnelen in Cognac flambiert und mit Reis serviert **118**
Lauwarmer Hummer mit Champagner-Béarnaise **123**
Jakobsmuscheln auf gebratenem Gemüse mit Beurre blanc **124**
Moules Frites (Miesmuscheln mit Pommes) **127**

**Dessert-Wein**

Luftige Schampus-Zabaione **134**
Grapefruit-Gratin mit Schampus-Zabaione **135**
Marsala-Feigen mit Rotweingranité und Vanillesahne **137**
Tirami-Léa mit Sherry-Kirschen **140**
Spritziges Zitronensorbet mit Champagner **143**
Nugat-Halbgefrorenes mit Krokant und Vin Santo **144**
Brioche-Törtchen mit Schwips **149**
Apfeltarte mit viel Calvados **150**
Léas Zaubertrank **153**

**Standards nicht nur für die Weinküche**

Hühnerbrühe **158**
Klare Rinderbrühe **159**
Fond de Jacqueline mit Champagner **160**
Rotweinsauce zu rotem Fleisch **161**
Kartoffelrösti **164**
Hausgemachte Linguine **165**
Geklärte Butter **166**
Klassische Brioche **167**

# REGISTER


A
Apfeltarte mit viel Calvados **150**
Artischockengemüse, in Weißwein geschmort **48**

B
Bachsaibling im Weinbad auf Quinoa **107**
Brioche, klassische **167**
Brioche-Törtchen mit Schwips **149**
Burgunder
Hirsch bourguignon mit Blattschuss und Burgunder **82**
Rotweinsauce zu rotem Fleisch **161**
Butter, geklärte **166**

C/D
Calvados
Apfeltarte mit viel Calvados **150**
Champagner
Champagner-Austern, in der Schale gratiniert **24**
Elegante Kartoffelsuppe mit Schampus und Sahnehäubchen **15**
Fisch de luxe mit Tomate und Champagner **91**
Fond de Jacqueline mit Champagner **160**
Frühlings-Risotto mit grünem Spargel und Champagner **45**
Grapefruit-Gratin mit Schampus-Zabaione **135**
Heiliger Petrus mit Zucchininudeln und Kardamom-Schampus-Sauce **92**
Jakobsmuscheln auf gebratenem Gemüse mit Beurre blanc **124**
Lauwarmer Hummer mit Champagner-Béarnaise **123**
Luftige Schampus-Zabaione **134**
Seezunge mit Schampus-Krabben und Lauch-Linguine **99**
Spargel-Schinken-Röllchen mit Champagner-Mousseline **37**
Spritziges Zitronensorbet mit Champagner **143**
Zander im Sekttcig gebacken mit Kräutermayonnaise **110**
Champagner-Austern, in der Schale gratiniert **24**
Choucroute garnie (Schwein liebt Wein) **61**

Cognac
Garnelen in Cognac flambiert und mit Reis serviert **118**
Léas Hühnerleberterrine mit Schuss **33**
Luxemburger Poularde in Rieslingsauce **68**
Schinkenmousse mit Cognac und rotem Port **27**
Zartes Rehfilet mit Winterfrüchten und Schokoladen-Rotwein-Sauce **87**

E
Elbling
Forelle blau, mit Zitronenmayonnaise kalt serviert **102**
Ente mit pikanter Glühweinsauce **72**

F
Fisch de luxe mit Tomate und Champagner **91**
Fond de Jacqueline mit Champagner **160**
Forelle blau, mit Zitronenmayonnaise kalt serviert **102**
Frühlings-Risotto mit grünem Spargel und Champagner **45**

G
Garnelen in Cognac flambiert und mit Reis serviert **118**
Geflügelsülze in Weißwein-Portwein-Gelee **30**
Grapefruit-Gratin mit Schampus-Zabaione **135**

H/I
Hechtsoufflés mit Rieslingsauce **115**
Herbst-Risotto mit wilden Pilzen und Weißwein **44**
Hirsch bourguignon mit Blattschuss und Burgunder **82**
Hühnerbrühe **158**
Hühnerleberterrine, Léas, mit Schuss **33**
Hummer, lauwarmer, mit Champagner-Béarnaise **123**

J
Jakobsmuscheln auf gebratenem Gemüse mit Beurre blanc **124**

K

Kabeljau, sanft gebratener, mit Muscheln in Weißwein-Safran-Sauce **96**

Kalbssteaks mit Marsala und rotem Zwiebelconfit **58**

Kaninchen in Strohwein **77**

Kartoffelrösti **164**

Kartoffelsuppe, elegante, mit Schampus und Sahnehäubchen **15**

L

Lammkoteletts mit Rotwein-Kräuter-Butter **67**

Linguine, hausgemachte **165**

Linseneintopf, kräftiger, mit Rotwein und Speck **18**

M

Marsala-Feigen mit Rotweingranité und Vanillesahne **137**

Marsala

- Kalbssteaks mit Marsala und rotem Zwiebelconfit **58**
- Marsala-Feigen mit Rotweingranité und Vanillesahne **137**

Moules Frites (Miesmuscheln mit Pommes) **127**

N/O

Nugat-Halbgefrorenes mit Krokant und Vin Santo **144**

P/Q

Petrus, heiliger, mit Zucchininudeln und Kardamom-Schampus-Sauce **92**

Portwein

- Geflügelsülze in Weißwein-Portwein-Gelee **30**
- Portwein (Info) **29**
- Rote-Bete-Püree mit rotem Portwein **53**
- Schinkenmousse mit Cognac und rotem Port **27**

Poularde, Luxemburger, in Rieslingsauce **68**

R

Rehfilet, zartes, mit Winterfrüchten und Schokoladen-Rotwein-Sauce **87**

Riesling

- Hechtsoufflés mit Rieslingsauce **115**
- Luxemburger Poularde in Rieslingsauce **68**
- Moules Frites (Miesmuscheln mit Pommes) **127**
- Samtige Zwiebelsuppe mit Riesling **16**

Rinderbrühe, klare **159**

Rinderconsommé mit Steinpilzen und altem Sherry **21**

Rinderfilet, gebratenes, mit frittierten Zwiebeln und Rotweinsauce **57**

Rote-Bete-Püree mit rotem Portwein **53**

Rotwein

- Gebratenes Rinderfilet mit frittierten Zwiebeln und Rotweinsauce **57**
- Hirsch bourguignon mit Blattschuss und Burgunder **82**
- Kalbssteaks mit Marsala und rotem Zwiebelconfit **58**
- Kräftiger Linseneintopf mit Rotwein und Speck **18**
- Lammkoteletts mit Rotwein-Kräuter-Butter **67**
- Léas Zaubertrank **153**
- Marsala-Feigen mit Rotweingranité und Vanillesahne **137**
- Rotweinsauce zu rotem Fleisch **161**
- Zartes Rehfilet mit Winterfrüchten und Schokoladen-Rotwein-Sauce **87**

Rotweinsauce zu rotem Fleisch **161**

S

Schampus-Zabaione, luftige **134**

Schinkenmousse mit Cognac und rotem Port **27**

Schweinebraten, saftiger, mit Mirabellen und süßem Wein **64**

Seezunge mit Schampus-Krabben und Lauch-Linguine **99**

Sherry

- Brioche-Törtchen mit Schwips **149**
- Rinderconsommé mit Steinpilzen und altem Sherry **21**
- Seezunge mit Schampus-Krabben und Lauch-Linguine **99**
- Sherry (Info) **41**
- Tirami-Léa mit Sherry-Kirschen **140**
- Zweierlei Spargel mit beschwipsten Sherry-Morcheln **38**

Spargel, zweierlei, mit beschwipsten Sherry-Morcheln **38**

Spargel-Schinken-Röllchen mit Champagner-Mousseline **37**

Strohwein
Kaninchen in Strohwein **77**
Strohwein (Info) **79**
Süßwein
Saftiger Schweinebraten mit Mirabellen und süßem Wein **64**

T/U
Tirami-Léa mit Sherry-Kirschen **140**

V
Vin Santo
Nugat-Halbgefrorenes mit Krokant und Vin Santo **144**

W
Weißwein
Artischockengemüse, in Weißwein geschmort **48**
Bachsaibling im Weinbad auf Quinoa **107**
Choucroute garnie (Schwein liebt Wein) **61**
Forelle blau, mit Zitronenmayonnaise kalt serviert **102**
Geflügelsülze in Weißwein-Portwein-Gelee **30**
Hechtsoufflés mit Rieslingsauce **115**
Herbst-Risotto mit wilden Pilzen und Weißwein **44**
Léas Hühnerleberterrine mit Schuss **33**
Luxemburger Poularde in Rieslingsauce **68**
Moules Frites (Miesmuscheln mit Pommes) **127**
Samtige Zwiebelsuppe mit Riesling **16**
Sanft gebratener Kabeljau mit Muscheln in Weißwein-Safran-Sauce **96**
Zander im Sektteig gebacken mit Kräutermayonnaise **110**
Zartes Rehfilet mit Winterfrüchten und Schokoladen-Rotwein-Sauce **87**

Z
Zander im Sektteig gebacken mit Kräutermayonnaise **110**
Zaubertrank, Léas **153**
Zitronensorbet, spritziges, mit Champagner **143**
Zwiebelsuppe, samtige, mit Riesling **16**

## LÉA LINSTER

Sie ist charmant, herzlich, sprüht vor Energie – und vor allem: Sie kocht unbeschreiblich gut! Nicht weiter verwunderlich also, dass Léa Linster, 1955 in Differdingen (Luxemburg) geboren, zu den renommiertesten Gourmetköchen der Welt gehört. Als bislang einzige Frau erkochte sie sich 1989 den »Bocuse d'Or« – die höchste Auszeichnung für Köche. Seitdem ist ihr Bekanntheitsgrad stetig gestiegen: Sie publizierte bereits mehrere Bücher, schrieb eine Rezeptkolumne für die Zeitschrift *Brigitte* und war Jurymitglied in der Kochshow *The Taste* (SAT.1). Im Frühjahr 2015 erschien ihre Autobiografie unter dem Titel *Mein Weg zu den Sternen* bei Kiepenheuer & Witsch.

## PETER GAYMANN

Er hat geniale Ideen, zeichnet mit spitzer Feder und gekonntem Strich – und vor allem: Er zaubert mit seinen witzigen Cartoons unweigerlich ein Lächeln auf das Gesicht des Betrachters. Peter Gaymann, 1950 in Freiburg (Breisgau) geboren, lebt und arbeitet als freier Zeichner in Köln. Insbesondere seine Hühner, genannt sein »Huhniversum«, haben ihn bekannt gemacht. Auch für die »Paar Probleme«, die er seit vielen Jahren in der Zeitschrift *Brigitte* veröffentlicht, ist er berühmt. Daneben erschienen seine Illustrationen im *ZEITmagazin*, in der *Bunten*, der *taz* und *Maxima*.

# MERCI

Fortsetzung folgt – das hatten wir im Nachwort unseres ersten Buches *Das Gelbe vom Ei* schon prophezeit. Denn: Warum aufhören, wenn's gerade so schön ist? ... Und wenn es sogar noch schöner geht? Nämlich mit noch mehr köstlichen Rezepten, garniert mit schrägem Humor und genialen Fotos. Wir sind stolz auf unser neues gemeinsames Werk und bedanken uns ganz herzlich bei allen, die auch diesmal wieder mit Leidenschaft, Engagement, Ideen, Rat und Tat am Gelingen des Buches beteiligt waren. Es sind so viele, dass wir hier nicht jeden einzeln nennen können, aber wir wollen mit jedem einzeln anstoßen. Und zwar mit der besten Flasche, die im Weinkeller zu finden ist.

Champagner für alle!
Und ein herzliches Prost auf *Wein muss rein!*

Léa Linster
Avec AMOUR

T. GAY

# IMPRESSUM

Originalausgabe
5. Auflage Oktober 2023

www.arsvivendi.com
ISBN 978-3-86913-589-2

**Rezepte** Léa Linster
**Illustrationen** Peter Gaymann
**Porträts** Jacques Schneider
**Foodfotos** Justyna Krzyżanowska
**Assistenz** Kai Schwertner
**Textredaktion, Lektorat** Petra Teetz
**Idee und Konzept** Jochen Baller
**Reprografie** Harald Schmidt
**Gestaltung, Satz** Justyna Krzyżanowska
**Druck** Graspo, Tschechien

ars vivendi